KB140946

아들과 함께

그리스문명 산책

그리스와 터키

아들과 함께

그리스문명 산책

그리스와 터키

이학근

호밀밭

나는 여행을 참 좋아한다.

여행은 우리를 알지 못하는 세계로 이끌어 주고 꿈을 꾸게 만드는 힘이 있다. 하지만 전문적인 여행가는 아니고 직장을 다녀야 했기에 항상 어딘가로 떠나는 꿈을 꾸면서도 만족할 만큼 떠나지를 못해 불만이었다. 그래서 시간이 나는 대로 국내는 물론이고 외국도 제법 다니면서 내 나름의 여행을 즐기며, 언젠가 자유로운 시간을 가지면 긴 여행을 할 것이라는 꿈을 꾸고 있었다.

나의 여행은 항상 걷는 것을 기본으로 한다.

그 이유는 자연이나 사람들이 살아가는 모습을 보는 것은 내가 걸은 만큼 보고 느낀다는 나름의 여행철학이 있기 때문이다. 그래서 자유롭게 배낭을 메고 떠나면 더 많이 보고 많이 느끼기도 한다. 그리고 나는 여행지에서 유적지나 박물관, 미술관 등을 찾아다니는 것을 우선으로 여행을 한다. 젊을 때부터 역사학과 고고학을 좋아했고 그 방면의 책도 많이 읽어 호기심이 많기 때문이다.

여행은 인생을 가장 풍요롭게 해 주는 좋은 방법이다.

어떤 사람들이 말하기를 요즈음은 TV를 보면 온 세계를 다 볼 수 있는데 왜 시간과 돈을 소비하며 고생스럽게 여행을 하는가? 하고 묻는다. 하지만 아름다운 자연이나 그곳에서 살아가는 사람들의 생활 모습, 고대의 유적들에 내 발걸음이 닿아 느끼는 감동은 화면으로는 실감하기가 어렵다.

내가 제법 많은 여행을 한 것 가운데 이번 여행은 그리스문명의 자취를 보고 싶은 오랜 꿈을 이루어 보려고 떠난 여행이다. 이제는 나이도 많이 되었기에 혼자서 떠나는 것이 조금

망설여졌으나 다행히도 나와 취미가 비슷한 아들이 함께 여행하기를 원하여 아무런 어려움이 없이 이 여행을 시작하게 되었다. 지금도 내 아들에게 고맙고 감사한 마음을 전한다.

미리 말하면 나는 역사학이나 고고학, 예술을 단지 좋아할 뿐이지 전공하지 않았다. 그러므로 이 글은 전문적인 글이 아니고 단순한 여행기로 평범하게 내가 간 곳을 소개하려는 의도이다. 또한 사진도 전공하지 않았고, 간편한 카메라로 찍은 사진이라 사진의 예술성도 없다. 그리고 이 글에서 나오는 역사적 사실과 지리적 설명은 네이버 지식백과를 많이 참조했음을 밝혀 둔다.

그리고 주로 그리스 문명을 찾아갔지만 시대의 변화에 의해 그리스 문명의 터전 위에 여러 다른 문명의 흔적도 보고 덧붙였음을 미리 고백한다. 특히 유럽의 초기 기독교의 모습이 많이 보이는 것은 유럽 문명의 특성 때문에 어쩔 수가 없다.

부족한 글과 사진이지만 나의 여행의 흔적을 보여주는 기록이다.

긴 시간의 여행을 마치고 여러 자료를 찾아보면서 여행의 추억을 음미하는 것이 또 다른 즐거움을 주었다. 여행을 마치고 바로 개인 블로그를 통해 사진을 올리고 글을 썼지만 크게 만족하지 않았다. 그러다가 코로나가 전 세계를 공황에 빠뜨려 여행을 좋아하는 사람들이 여행을 떠나지 못하게 되었다. 나의 여행 기록이 그런 사람들에게 조금이나마 위안을 주기를 바라는 마음으로 다시 블로그의 글을 정리하면서 부족하지만 책을 내게 되었다.

이 책을 내면서 코로나의 어려움이 끝나면 다시 여행을 떠나 미처 보지 못한 많은 문명의 유적을 볼 수 있기를 기대한다.

그리스편

터키편

여행을 시작하기 전

아들과 함께 여행하기로 계획하고 여정을 의논하면서 일정을 짜 보았다. 아들이 핀란드에 유학하고 있었기에 일정을 메일과 카톡으로 의논한 결과 고대 그리스문명을 돌아보는 것을 여행의 큰 테두리로 정하고 나서 세부적인 계획은 아들이 조사하여 나에게 알려 주었는데 대개 그리스와 터키를 중심으로 하는 여정이었다.

나는 세부적인 여정은 아들에게 맡기고 터키의 카파도키아와 트로이는 꼭 가자는 의견을 제시하여 아들이 이 장소를 고려하여 계획을 짰다. 아들은 중학교 때부터 고고학에 관심이 많았고, 대학에서는 경영학 전공이면서 역사학을 부전공으로 할 정도로 역사를 좋아한다. 이 점은 나와 취향이 같아 관심사와 주제가 비슷하여 말이 잘 통하기도 한다.

아들과의 여행에 대한 추억으로 지난 2014년 여름에 둘이서 시베리아 횡단열차를 타고 한 달 동안 러시아를 여행했던 기억이 있다. 여러 번의 우여곡절이 있었지만 무사히 한 달의 여행을 마치고 돌아오니 사람들이 모두 감탄하면서 어떻게 아버지와 장성한 아들이 한 달이나 함께 여행을 하였는지를 궁금해하였다.

하지만 우리는 그 여행에서 서로에 대한 이해의 폭과 깊이를 더 했고, 이번에는 다시 고대 그리스문명을 같이 즐기기 위해 여행을 시작하기로 하였다.

그리고 저번 러시아여행을 경험삼아 이번에는 아들과 갈등을 겪지 않기 위해 그리스로 가면서 둘이서 여행의 불문율에 대해 서로 말하여 다음과 같이 의견을 모았다.

1. *여행을 하면서 서로의 감정을 거스르지 않도록 노력한다.*
2. *먹는 것은 전적으로 아들이 가고자 하는 곳을 존중한다. 아들은 먹는 것을 중시하는 여행 철학을 가지고 있다.*
3. *되도록이면 시간을 아끼는 계획을 짜서 여행한다.*
4. *저번 러시아여행과 같이 되도록 걸어 다니며 스스로 여행을 즐긴다.*
5. *박물관과 미술관 등은 꼭 가보도록 한다.*

이러한 여러 가지의 사항들을 서로 지키도록 노력하면서 비행기로 아테네로 가면서 이번 여행은 시작된다.

우리의 여정은 그리스 아테네와 그 주변의 여러 곳을 돌아보고, 펠레폰네소스반도로 가서 말로만 들었던 올림피아, 티린스, 미케네, 코린토스 등을 본 다음 지중해의 크레타를 돌아보는 것으로 그리스를 끝내는 것이다.

그리고 터키로 건너가서 카파도키아, 차낙칼레 트로이 , 베르가마, 이즈미르, 파묵칼레, 셀축 등등에서 고대 문명의 자취를 보면서 즐기고 마지막으로 이스탄불을 통해 귀국하는 일정이었다.

그리스편

아테네와 그 주변
펠레폰네소스반도
크레타 섬

아테네공항에 내려 지하철을 타고 아테네 시내에 미리 예약해 둔 호텔 Hotel Delphi 로 가서 짐을 내리고 늦은 저녁을 호텔 근처에 있는 식당에서 해결하고 잠자리에 들었다.

다음 날 아침에 일어나 아테네 시내를 구경하러 나갔다. 전적으로 아들이 가자는 곳을 나는 따라만 가면 되는 참 편리한 여행이다. 저번 러시아 여행에서 경험한 것 같이 아들은 자기가 가야 할 곳을 전날 저녁에 나에게 의견을 구하는 듯이 이야기하는 기특한 면이 있으니 나는 그저 동의하고 가자는 대로 가면 된다.

호텔을 나와 걸어서 시내의 이곳저곳을 구경하면서 파르테논신전이 있는 아크로폴리스로 천천히 가며 다다른 곳이 아크로폴리스의 한 측면인 모나스티라키광장이다.

아테네의 중심광장으로 항상 사람들로 북적거리고 있는 이 광장 주변에는 과일상과 노천카페, 온갖 물품을 파는 가게가 즐비하게 늘어서 있으며 관광객들로 홍청거린다. 특히 신발이나 가방 등을 파는 가게가 많은데 사고 싶은 충동을 억지로 누르느라 힘이 들었다. 특히 신발은 가죽인데도 가격이 아주 저렴하여 그냥 구경만 하기에는 너무 안타까웠다. 시장 골목을 조금 들어가면 조그마한 기념품 등을 사기에 아주 편리한 우리나라 벼룩시장과 같이 오래된 여러 장식품과 그림을 파는 가게도 구경할 수 있다. 이 골목길의 가게에서는 또 여러 가지의 그림도 있었는데 여행을 마치는 시기이면 몇 점을 사고 싶었으나 이제

모나스티라키광장

여행의 시작인데 물건을 사는 것이 매우 부담스러워 눈으로만 구경하고 아쉬운 발길을 돌렸다.

모나스티라키광장은 아테네에 머무르는 동안 계속 와서 시장의 분위기를 즐기기도 한 재미있는 곳으로, 이 광장의 이름은 '작은 수도원'이라는 뜻으로 광장의 모퉁이에 있는 작은 수도원에서 유래한 것이라 한다.

또 광장 주변에서는 고대 아고라와 로만아고라 등등 많은 유적지를 볼 수 있고, 아크로폴리스언덕 전체를 조망하는 것도 좋은 구경이다.

광장에서 시장의 여러 모습을 구경하면서 어디에서나 일상적인 사람들의 생활은 다름이 없다는 것을 느끼며 아크로폴리스언덕을 향해 걸어간다. 곳곳에 고대의 유적이 즐비하게 있는데 모든 것을 다 구경하기에는 시간이 항상 부족하다. 그래서 보고 싶은 것만 골라서 보고 지나가기로 했다.

골목길을 조금 올라가면 처음 눈에 띄는 곳이 '하드리아누스 도서관 Hadrian Library'으로 서기 132년 로마 시절에 지어진 가장 큰 도서관이라 한다. 아테네의 번성했던 학문과 예술

하드리아누스 도서관(Hadrian Library)의 벽

의 학교이자 국가 기록물을 보관하였던 장소로, 명칭은 도서관이지만 교회나 그 밖의 건물이었다고 표지판이 설명하고 있다.

하지만 지금은 옛 자취만 남아 있을 뿐인 이 유적지는 매우 특이하게 매표소가 유적지 안에 있으니 표를 구입할 때 유의해야 한다.

이 도서관을 조금 지나면 유명한 '로만아고라 Roman Agora'를 만난다.

아고라는 고대 그리스의 도시국가인 폴리스에 형성된 광장으로, 그리스인들은 이곳에서 다양한 활동을 하였다. '아고라 Agora'라는 말은 원래 '시장'의 의미로 쓰였지만 아고라가 시장의 기능뿐 아니라 정치, 경제, 사회, 문화 등 시민들의 일상생활의 중심이 되면서 '사람이 모이는 곳'이나 '사람들의 모임' 자체를 뜻하는 의미를 가지게 되었다.

이름 그대로 로만아고라 Roman Agora는 아테네에 있는 고대 로마 시기의 유적지다. 아고라치고는 규모가 크지 않고 폐허로 변하여 유적지로의 존재만 드러내고 있지만 그 유적지 안에 '바람의 탑 Tower of the Winds'을 보는 것만으로도 이곳을 둘러볼 가치가 있다. 마케도니아의 천문학자 키루스의 안드로니쿠스가 설계한 '바람의 탑'은 풍향계, 해시계, 물시계 구실을 했다. 건축 연대에 대해서는 약간의 이견이 있는 이 탑은 높이 13m에 직경 8m로 아고라 동쪽에 원형이 잘 보존되어 위치하고 있다.

탑 꼭대기에는 반인반어의 해신인 트리톤 형상을 한 풍향계가 설치되어 있었다고 하며 끝이 뾰족한 그의 지팡이가 바람이 부는 방향을 가리킨다고 한다. 아래쪽에는 여덟 명의 바람의 신이 조각된 프리즈가 있는데, 이 신들은 각각 나침반 상의 해당하는 방향에서 오는 바람을 나타낸다고 한다.

로만 아고라를 구경하고 아크로폴리스로 올라가는 도중에는 조그마한 미술관과 박물관들이 곳곳에 보인다. 아테네 시내를 조망하며 한가로이 걸으면서 아들과 그리스 문명에

바람의 탑

멀리서 보는 아크로폴리스

대해 이야기를 했다. 나도 옛날에는 역사에 관심이 많아서 제법 안다고 생각했는데 아들의 이야기를 들으면서 나의 지식은 아들에 비해 조족지혈에 불과하다고 생각되어 되도록 내 의견을 말하지 않고 듣고만 있으리라 생각했다.

멀리서 보면 산 위에 웅장하게 보이는 파르테논신전을 향하여 한참을 걸어 드디어 아크로폴리스에 도착했다. 우리가 역사책에서만 보던, 그리고 말로만 듣던 장소이다. 이곳의 유적은 하나하나를 말할 것도 없이 모두가 인류의 문화유산이다. 파르테논신전, 아테네 니케신전, 에레크테이온신전, 불르의 문, 디오니소스극장, 헤로데스 아티쿠스 음악당, 소크레테스 감옥, 필로파포스 기념비 등등 이루 말할 수 없을 정도로 많은 유적이 우리의 눈을 끌고 있다. 이곳을 제대로 돌아만 보려고 해도 한나절 이상을 보내야 한다.

아크로폴리스라는 말의 원뜻은 '도시의 가장 높은 곳'이란 의미로 대개 그 도시의 내부 요새이다. 그래서 아테네뿐만 아니라 여러 도시에 아크로폴리스가 있으니 아크로폴리스를 칭할 때는 반드시 그 도시 명을 붙여 주는 것이 좋다. 아크로폴리스를 올라가는 방향은 여러 곳이 있는데 내가 간 방향에서 아크로폴리스언덕을 올라갈 때 가장 먼저 통과하는 문이 불르의 문이다. 3세기 중반에 헤룰리족의 침입을 막기 위해 방어용 성벽의 일부로 지어진 것인데 이 지역을 발굴한 프랑스 고고학자 불르의 이름을 따서 문의 이름을 붙였다고 한다.

하나의 성벽문임에도 그 크기와 장엄함이 우리를 압도한다. 이 문을 지나서 올라가면 왼편에 '아그리파 기념비'가 있다. 아그리파의 기념비는 아테네 동쪽에 있는 이미토스 산에서 나오는 파란색 대리석으로 만들어졌다고 한다. B.C. 178년 페르가몬 왕국의 왕 에우메네스 2세가 고대 아테네의 국가적 제의인 파나테나이아제전의 전차경기에서 자신의 승리를 기리기 위해 받침대 위에 네 마리의 말이 끄는 마차 동상을 세웠다고 한다.

그 후 B.C. 27년 아테네 사람들이 아테네의 후원자인 로마인 지휘관 마르코스 아그리파의 청동 기마동상으로 바꾼 후 오늘날과 같은 아그리파 기념비라 불렀다고 하는데 지금은 그 동상이 보이지 않는다.

지금부터 2,000년도 더 되는 때에 이런 거대한 석조 건축물을 만들 수 있었다는 사실이 믿어지지가 않는다. 특히 산 중턱에 이 크고 많은 돌을 어떻게 옮겨왔을까? 하고 생각하니 그 당시 노예나 하층민들의 수고가 생생하게 떠올라 고소를 금치 못한다.

불르의 문을 지나 조금 올라가면 자그마한 신전이 보인다. 승리의 여신 아테네 니케신전이다. 전쟁에서 늘 승리하기를 원하던 아테네는 여신이 다른 곳으로 날아가지 못하게 날개를 잘라내고 이 신전에 모셨다고 하는데 지금 석상은 어디에 있는지…… 이곳에서 떠나버렸다.

아테네 니케신전을 뒤로 하고 올라가면 파르테논으로 올라가기 위해서 필

(위) 불르의 문 (아래) 아그리파 기념비

수적으로 지나야 하는 관문이 나온다. 아크로폴리스의 정문 역할을 하는 건축물인 '프로필라이온'으로, 그냥 문이라고 하기에는 너무 큰 독립적인 건축물이라고 할 수 있다. 아크로폴리스언덕 위에 파르테논신전을 완공한 아테네의 지도자 페리클레스는 곧바로 그에 어울리는 프로필라이온의 건설에 착수했다. 프로필라이온은 B.C. 437년에 착공되었으나 B.C. 432년에 공사가 중단되어 제대로 완성되지 못한 건축물이었다가 무네시클레스가 맡아 펠레폰네소스 전쟁 중에 완성되었다. 프로필라이온은 아크로폴리스로 올라가는 경사면에 세워졌기 때문에 계단식 건축물이다.

프로필라이온의 앞과 뒤로 각각 여섯 개의 도리아식 기둥이 웅장한 모습으로 세워졌고, 그 사이에는 여섯 개의 이오니아식 기둥이 두 줄로 세워졌다. 북서쪽에는 부속건물인 회화관 파나코테케 이 자리 잡았다.

파르테논신전에 올라가기 전에 옆으로 잠시 발길을 돌려 간 곳은 '헤로데스 아티쿠스 음악당'이다. 이 음악당은 아티쿠스가 세상을 떠난 자신의 아내를 추모하며 세운 극장인데 6,000석 규모의 실내 극장이었다 한다. 지금도 객석과 무대를 복원해 야외 원형극장으로 재

프로필라이온

(위) 헤로데스 아티쿠스 음악당 (아래) 디오니소스극장

탄생시켜 아테네 페스티벌 기간에는 각종 연극과 음악을 연주하는 장소로 사용하고 있는 객석이 대리석으로 만들어져 있는 아주 호화로운 극장이라고 한다.

헤로데스 아티쿠스 음악당에서 조금 떨어진 곳에 디오니소스극장이 보인다. 오늘날 서양연극의 탄생지로 불리는 디오니소스극장은 유적으로만 남아 아크로폴리스 남쪽에 위치하고 있다. 기원전 6세기 때 지어진 고대 아테네의 극장으로서 드라마 예술의 근원지였으며, 소실되었다가 로마시대에 이르러 예술가이자 집정관인 리코우르고스에 의해 복구된 이후에 여러 번의 확장 공사를 통해 최대 17,000명까지 수용할 수 있는 상당한 규모였다.

드디어 그 유명한 '파르테논신전'에 다다랐다. 내가 책을 통하여 보던 그 장엄한 모습은 지금 복구공사 중이라 조금 생뚱맞게 보인다. 하지만 그 전체의 규모와 자취를 보는 것만으로도 감동이다.

서양문명의 발원지인 그리스에서 가장 중요한 건축물인 이 신전은 B.C. 479년에 페르시아인이 파괴한 옛 신전 자리에 아테네인이 수호여신 아테네에게 바친 것으로 도리스식 신전의 극치를 나타내는 걸작이다. 유네스코를 상징하는 마크로 사용될 만큼 유명한 이 신전은 B.C. 447년에 기공하여 B.C. 438년에 완성하였다. 신전 조각 대부분은 영국의 토마스 엘긴 경이 수집하여 '엘긴마블스'라는 컬렉션으로 대영박물관에 진열되어 있다. 언제 역사적 유물이 제 자리에 있을 것인지가 의문이다. 파르테논의 부조와 조각상이 파르테논에는 없고 다른 곳에 있다는 것은 역사의 아이러니다. 19~20세기 제국주의의 팽배로 인한 강대국의 약탈이 오늘의 우리를 슬프게 만든다.

파르테논신전

　파르테논신전에서 조금 떨어진 곳에는 전망대가 있다. 그리스 국기가 펄럭이고 있는 이곳에서 사람들은 '내가 이곳에 왔다'라는 증명을 위해 사진을 찍기도 한다. 전망대에서 파르테논신전과 아테네의 시가지를 조망해 보는 것도 좋은 구경거리다.

　파르테논을 구경하면서 쉬다가 다음으로 간 곳이 '소크라테스의 감옥'이다. 소크레테스의 감옥은 파르테논에서 '필로파포스언덕'으로 가는 도중에 있다. 역사적인 사실이야 어떻게 되었든지 이곳을 소크라테스의 감옥이라 칭하고 유적지로 보존을 하고 있으니 그냥 지나가면서 구경을 한다. 창살로 막힌 동굴로, 철학자 소크라테스가 갇혀 있었는지 없었는지가 중요한 것이 아니라 상징적인 장소이다.

　소크라테스의 감옥을 지나 '필로파포스언덕'으로 올라간다. 아크로폴리스에 올라가 서쪽 방향인 입구 쪽을 향해 건너편을 바라보면 삐죽한 기념비가 보이는 곳이다. 필로파포스는 로마시대 때 아테네에 파견된 사람인데 아테네인들에게 관대한 정치를 베풀었다. 아테네인들은 그가 죽자 B.C. 116년에서 114년 사이에 당시 뮤즈의 언덕 정상에 추모 기념탑을 세웠는데 그 이후로 뮤즈의 언덕은 필로파포스언덕이라 불리게 된 것이다. 이곳에 올라와 파르테논을 바라보면 가장 아름다운 아크로폴리스와 아테네의 전경을 바라볼 수 있는 곳으로, 정작 전경을 볼 수 없는 아크로폴리스가 이곳에서는 훤히 보인다.

아크로폴리스언덕을 중심으로 이 일대를 구경하다 보니 점심때가 벌써 지났다. 내려오면서 길가에 많은 카페가 있어 점심을 해결하고 고대 아고라로 갔는데 무지의 소치로 예정이 뒤틀리게 되었다. 아고라에 입장을 할 수 없다는 것이었다. 왜 그런가 하고 보니 오후 3시면 아고라 입장이 끝난다고 고지되어 있다. 어쩔 수가 없는 일이라 우리는 가볍게 그 주위에서 잠깐 거닐다가 숙소로 돌아가기로 하였다.

숙소로 걸어가면서 시내를 구경하고 이런 저런 곳을 기웃거리다가 호텔 가까운 곳에 있는 옷가게에 들렀다. 겨울이라고 생각하여 한국에서 두꺼운 옷만을 가져갔는데 생각보다 날씨가 따뜻하여 옷을 좀 바꾸어야 되었다. 옷 가게에서 셔츠와 니트를 구입했는데 품질에 비하여 가격이 상당히 싸서, 전체적인 물가가 우리나라에 비하여 싸다는 생각이 들었다.

숙소로 돌아와 잠깐 휴식을 하고 저녁을 먹자하니 아들이 자기가 생각한 곳이 있으니 가자고 한다. 떠나기 전부터 먹는 것에 대해서는 매 끼니는 아니더라도 한 번씩은 좋은 식당에

필로파포스언덕에서 보는 아크로폴리스

서 즐기기로 약속하였으므로 말없이 따라가니 미슐랭 별이 두 개 붙은 'Spondi'라는 레스토랑이다. 상당히 고풍스러운 분위기의 식당이며 격식을 갖춘 웨이터들이 서빙을 하는 곳이었다. 맛있게 식사를 마치고 계산서를 부탁하니 팁을 줄 것인지를 묻는다. 준다고 하니 계산서에 덧붙여서 나온다. 참으로 합리적인 계산법이라는 생각이 들었다. 물론 아들 녀석이 적당하게 시켰기 때문이기는 하지만 가격은 아주 비싸지는 않았고, 맛있게 저녁을 먹은, 음식이 상당히 좋은 곳이었다. 그러나 호화로운 여행을 하는 사람들이 아니고는 자주 먹기에는 부담이 되는 가격이었다. 하지만 나는 흔쾌히 지불하였다. 젊은 아들이 나이든 아버지와 함께 여행을 해 준다는 것만 해도 감사해야 할 것이다. 아버지가 모든 경비를 다 댄다고 해도 과연 아버지와 여행을 떠나는 아들이 얼마나 있을까? 2014년 아들과 시베리아를 횡단하는 러시아여행을 다녀오니 모두 놀랐던 일이 기억난다. 아들과 아버지의 여행을 나는 또 하고 있는 것이다.

나는 아들에게 지금도 고맙고 감사함을 느낀다. 아들이 아니면 내가 감히 한 달 이상을 배낭을 메고 유럽을 돌아다닐 생각을 했을까? 의문이다.

식당을 나와 거리를 걸어 숙소로 돌아오면서 내일은 어디로 갈 것인가를 이야기한다. 이런 점이 우리를 더 가깝게 만드는 것이다. 물론 자기는 계획을 다 짜 가지고 있지만, 아들이 아버지를 생각해서 의견을 묻는 형식을 갖추는 것이다.

오늘은 신다그마광장을 중심으로 주변을 돌아보기로 계획을 세우고 호텔을 출발했다. 호텔을 나와 거리를 걸어가면 가로수로 오렌지 나무를 심어 놓은 것이 자주 눈에 띈다. 나중에 알았지만 그리스 곳곳의 도시에는 오렌지 나무가 가로수로 많이 심겨 있었다.

처음 목적지는 올림피아 제우스신전이다. 아크로폴리스언덕의 파르테논신전은 아테네의 수호신인 아테네에게 바쳐진 것이지만, 중심부라고 할 수 있는 시내에는 모든 신중에서 가장 으뜸인 제우스신전이 있다. 거리를 구경하면서 처음 도착한 곳이 하드리아누스의 문이다. 올림피아 제우스신전을 완성한 하드리아누스황제를 기념하여 세운 문으로 로마시대 구시가와 신시가의 경계를 나타내고 있다고 한다. 문의 위에 북서쪽 방향에는 '이곳은 아테네, 테세우스의 오래된 도시'라고 적혀 있고, 그 반대편에는 '이곳은 테세우스의 도시가 아니라 하드리아누스의 도시'라 적혀 있다고 하는데, 알아볼 수가 없다. 하드리아누스는 그리스 문화에 매료되어 그리스의 영광을 재현하기 위해 노력했는데 앞에서 이야기한 하드리아누스의 도서관과 이 제우스신전만으로도 그의 공로를 짐작할 수 있다.

아테네의 제우스신전은 코린트 양식의 건축물로 그리스 최대의 신전이지만, 고트족의 침입으로 파괴되어 84개 혹은 104개 의 돌기둥 가운데 현재는 높이 17m의 15개 기둥만이 남아 있다. 아크로폴리스의 파르테논신전보다 규모가 더 크다는 신전으로 현재는 과거의

하드리아누스의 문

(위) 제우스신전
(아래) 제우스신전에서 보는 파르테논신전

제우스신전 기둥

그 위용을 찾아보기 어려울 만큼 많이 파괴되어 있다. 그렇지만 파란 하늘을 배경으로 멋지게 아름다움과 장엄한 위용을 뽐내는 제우스신전을 살펴보는 것 자체가 감동이다. 그런데 많은 사람들이 이 제우스신전을 잘못 알아 펠레폰네소스반도의 올림피아에 있는 제우스신전과 혼동하는 일이 있는데 잘못 이해하지 않기를……

제우스신전을 뒤로하고 저번에 아크로폴리스언덕을 갔을 때 관람하지 않았던 아크로폴리스박물관으로 간다. 이 박물관은 옛날의 박물관과 구별하여 뉴 아크로폴리스박물관으로 불리기도 하며, 아크로폴리스에서 발굴한 유물을 소장하고 있는 박물관으로 아크로폴리스의 진짜 유물을 볼 수 있는 곳이다. 이 박물관에는 아르카이크시대부터 로마시대까지, 이 도시의 고전 보물이 소장되어 있으며, 파르테논신전에서 고작 244미터 떨어진 이 도시의 고대 신성한 바위 남쪽에 위치하고 있다.

아크로폴리스언덕의 모습을 그대로 재현해 놓은 박물관의 최상층에는 파르테논신전의 실제 크기로 만들어 놓은 파르테논신전 갤러리가 특히 눈길을 끈다. 홀 전체가 파르테논신전을 거울처럼 비추도록 기울어져 있고, 지금은 영국의 대영박물관에 있는 파르테논 마블을 맞이하기 위하여 만들어진 유리 홀이 있는데 파르테논 마블이 돌아온다면 옛날 신전에 걸려 있던 때와 똑같은 축으로 걸릴 수 있을 것이라 기대된다. 단지 하나 기대에 어긋난 것은 사진을 일절 찍지 못하게 했다. 많은 유럽의 박물관과 미술관은 특별히 보호해야 할 유물이나 미술품이 아닌 이상 사진 찍는 것을 막지 않았는데 이곳만은 박물관 내부 전체를 사진 촬영을 금지해 놓아 너무 아쉬웠다.

박물관을 나와 아테네의 유적지 주변에서 흔히 볼 수 있는 길가 카페에 앉아 파르테논신전을 바라보며 점심을 먹고, 다시 아테네 시내를 걸어가다 보니 도시 속에 숲이 보인다. 복잡한 도심 속에 넓게 형성된 국립정원인 자피온으로 처음에는 왕궁의 정원이었는데 지금은 아테네 시민들의 휴식처가 되었다. 다른 도시의 정원들과 별반 차이가 있는 것은 아니고 조용하고 한적한 정원이라 잠깐이라도 휴식을 취하기에 알맞은 곳이다.

자피온 지나 다음으로 간 곳이 비잔틴 크리스찬박물관 미술관 으로 고대에서부터 여러 시대를 거쳐 다양한 기독교 성화를 볼 수 있는 곳이다. 19세기 말에 설립된 그리스의 그리스

크리스찬박물관 소장품 중에서

도쿄 고고학협회의 수집품, 1922년 소아시아에서 온 망명자가 가져온 전례 典禮 기구 등을 바탕으로 1930년 플레장스 공비 Duchesse de Plaisance 의 옛날 저택을 개조해서 개설하였다고 한다. 아테네를 비롯하여 각지에서 발견된 다수의 대리석 부조판, 이콘, 사본 등을 소장하며 아울러 수선하고 복구하는 연구소도 가지고 있다.

이 비잔틴박물관 바로 옆에 전쟁박물관 War Museum 이 있다. 사실은 주변에 소소한 박물관이 매우 많이 있지만 다 갈 수가 없었다. 그런데 외양만으로는 다른 예술박물관과 비슷한 이 전쟁박물관은 고대의 전쟁부터 현대에 이

전쟁박물관의 한국전쟁 전시물 중에서

르기까지 그리스에서 일어난 전쟁을 소개하고 각종 병기구들과 장신구들이 소개되어 있다. 특히 그리스는 우리나라 6·25전쟁에 참전한 국가였으므로 이곳을 돌아보면 한국전쟁에 참전한 기념물도 제법 많이 전시되어 있다. 우리의 아픈 역사를 이곳에서 또 본다는 것이 그렇게 유쾌하지만은 않지만 지난 역사를 반추해 보는 것도 우리의 숙명일 것이다.

전쟁박물관에 들어갈 때부터 비가 오기 시작했다. 여행지에서 비를 만나면 우비를 입든지 우산을 펴든지 해야 하는데 행동을 자유롭게 하지 못하니 불편하다. 박물관을 나오니 오후 5시가 넘었고, 제법 많은 비가 쏟아져 어쩔 수 없이 우산을 쓰고 길을 걸었다. 아테네 시내를 종일 걷다 보니 제법 피곤하기도 했으나 우리는 또 시내를 가로지르며 숙소인 호텔로 간다. 아들과 약속한 대로 걸으면서 시내를 구경하는 것이다. 걷다보니 다다른 곳이 국회의사당과 무명용사의 무덤이다. 국회의사당에 들어가 구경할 수는 없어 아름다운 외양만

무명용사의 무덤에서 교대식

보고 있으니 그리스 근위대의 교대식이 시작되고 있다. 아테네에서 빼놓을 수 없는 구경거리다.

그리스 정부가 자기 조국을 위해 목숨을 바친 무명용사들을 추모하기 위해 만든 묘에는 1950년의 한국전쟁에 참전한 것을 기리며 KOPEA 그리스어로 한국 을 새겨 놓았다. 이 무명용사의 무덤에는 다음과 같은 글귀가 새겨져 있다 한다. 오른쪽에는 '용감한 자들에게는 세상 어디라도 무덤이 될 수 있다.' 왼쪽에는 '무명용사를 위해 아직 비어 있는 관 하나가 오고 있다.'

오늘은 아테네를 구경하고 다른 곳으로 떠나는 여정이다. 아테네에 여러 날을 머물면서 많은 곳을 보면서 즐겼지만 아테네의 십분의 일이라도 알았는지가 궁금하다. 여행자가 아무리 잘 돌아다니며 구경한다 해도 그 도시를 모두 보고 이해할 수는 없는 것이다. 지금 내가 살고 있는 도시조차 수 십 년을 살았지만 아직도 다 모르는 것이 사람이 살아가는 현실이다. 그런데 하물며 타국의 다른 도시를 몇 일만에 다 이해하고 본다는 것은 있을 수 없는 일이다. 그저 자신이 보고 싶은 곳을 보고 즐겼으면 만족하고 다음을 또 기약할 수밖에 없는 것이 우리의 여행이라 생각한다. 그래도 아테네에서 가장 중요하고 보아야 하는 것을 아들 녀석이 잘 선택해서 즐겁게 돌아다녔으니 그 자체로 기쁜 일이다.

오늘은 그동안 유보해 놓았던 국립고고학박물관과 고대 아고라를 중심으로 구경하고 펠레폰네소스반도로 떠나야 한다. 그곳에서 보아야 할 곳이 너무나 많기에 아테네는 이 정도로 다음을 기약하기로 한다.

호텔에서 나와 오모니아지구쪽으로 발길을 돌려 시내를 한가로이 구경하면서 도착한 곳이 유명한 국립고고학박물관이다. 저번에도 이야기했듯이 아들과 나는 취향이 비슷해서 박물관을 탐방하는 일은 조금의 망설임도 없이 의견의 일치를 본다. 물론 내가 보는 관점과 아들이 보는 관점이 다르겠지만 취향이 같다는 공통분모를 가지고 있는 것이 행복한 일이다.

아테네 국립고고학박물관은 세계 10대 박물관 중의 하나로 고대 그리스시대부터 비잔틴시대에 이르는 수많은 유물과 조각품 및 미술품이 소장되어 있다. 특히 아테네 국립고고학박물관에 많이 있는 조각상을 통하여 고대 그리스인이 인간의 육체에 대해 어떻게 구체적으로 관찰하였고 아름답게 표현했는가를 볼 수 있다는 것이 큰 즐거움이다.

또 이 박물관은 고대 그리스 문명을 이해하기 위해서는 꼭 둘러보아야 하는 곳으로 그리스 각 지역에서 출토된 중요한 유물은 대부분이 이곳에 보관되어 있다. 여러 지역을 다녀 보면 대부분의 그리스 고대 유적지는 황무지처럼 변해 있다. 물론 중요한 지역에는 그 지역의 박물관이 있어 중요 유물을 보관하고 있지만, 그리스 문명에 대한 수집 전시품으로는 세계 최고로 꼽히는 곳이 이 박물관이다. 그래서 이 박물관을 보지 않고 그리스 문명을 말하는 것은 소경이 코끼리를 만지고 말하는 것과 다름없다고 생각한다.

박물관에 전시된 유물 중에 중심은 에게 문명 후기의 미케네의 출토품, 아르카이크기에서 고전기에 걸친 조각상, 묘비, 도기 등이며, 중요 작품에는 아트레우스의 비보, 바페이오의 황금배, 알테미시온의 포세이돈, 안티쿠테라의 청년, 헤게소의 묘비, 말을 타는 소년 청동상, 아포르디테와 판 등등이 특히 유명하다.

(왼쪽 위) 포세이돈 청동상, 제우스라는 의견도 있다. (오른쪽 위) 말을 타는 소년 청동상
(왼쪽 아래) 쿠로스 (오른쪽 아래) 아프로디테와 판

신들이 고장 아테네 3

이 박물관의 가장 유명한 작품 가운데 하나인 '말을 타는 소년 청동상'은 말과 그 위에 매달려 있는 소년의 조합이 좀 어색하게도 보이지만, 힘차게 질주하는 말의 모습을 잘 나타낸 작품이다. 이 고고학박물관은 수십 개의 전시실이 있고, 각 전시실마다 고유번호가 있어 시대순의 배열을 해 놓았다고 하나 그 번호에 얽매일 필요는 없다. 그저 구경하고 즐기면 되는 것이니, 번호를 다툴 필요 없이 입구에 들어가 시계 반대 방향으로 한 바퀴 돌면 동선을 최대한 줄이고 시간도 절약된다. 너무 많은 유물이 전시되어 있으니 주요한 유물을 중심으로 구경을 하는 것을 권하고 싶다. 유물을 구경하는 것도 각자의 취향에

(위) 제목미상의 벽화 (아래) 말 벽화

따라 좋아하는 방에 시간을 더 들이면서 구경하는 것도 좋을 것이다.

박물관을 구경하고 저번에 갔으나 시간의 착오로 들어가지 못했던 고대 아고라로 발을 돌렸다. 고대 아고라로 가는 길에 또 모나스티라키광장을 지나가게 되었는데 오늘이 휴일이라 광장에는 많은 사람들이 모여 있었다. 아테네 시민들 그리고 각지에서 온 관광객들이 함께 섞여서 북적되는 광장에서 골목길로 가서 생과일주스를 한잔 사서 먹어 보았다. '히모피이오 Xymopoieio'라는 유명한 가게로 광장 옆 좁은 골목에 있지만 항상 손님이 많은 집이었다. 주스를 주문하면 주문한 과일로 금방 짜주는데 시원하고 달콤한 맛이 입안에 가득하여 구미를 돋우었다.

과일 주스를 한잔 마시고 잠시 골목을 구경하다가 '고대 아고라 Ancient Agora'로 발길을 돌렸다. 아테네에 아고라가 여러 곳이 있지만 그중 가장 유명한 곳이 이 고대 아고라다. 고대 아고라 바로 옆으로는 철길이 놓여 있어 수시로 열차가 지나가고 있다. 우리나라의 경주

와 같이 아테네 시내는 땅을 파기만 하면 유물이 나온다고 하는데, 고대 아고라 옆의 철로 곁에도 유적지가 보였다. 고대 아고라는 아크로폴리스와 함께 서양 문명사의 첫 페이지를 연 곳으로 아크로폴리스의 북서쪽에 위치하여 맞은편에서도 잘 보이는 곳이다. 아고라는 시장이면서도 정치 이야기를 나누던 곳으로 '모이다'라는 뜻을 담고 있다. 아고라에서는 소크라테스나 플라톤 같은 철학자뿐만 아니라 역사가 헤로도투스, 극작가 아리스토파네스 등등 수많은 지식인이 자신의 의견을 열변으로 토했던 곳이다.

기원전 6세기 무렵부터 시장이 생겨났는데, 당시에 시장을 보러 왔던 남자들이 물건을 사기도 하면서 함께 모여서 이야기를 하던 아고라가 자연스럽게 잡담과 토론의 장이 되었다고 한다. 아고라는 다양한 이야기와 정치적 의견이 오고 갔던 중요한 장소로 고대 그리스인들이 서로의 의견을 주고받던 토론의 중심지였다. 고대 아고라는 규모가 장난이 아닐 정도로 크고, 허물어진 유적을 포함한 많은 유적이 있지만, 그중에서도 가장 중요하고 유명한 것은 '아탈로스의 스토아', '헤파이스토스신전', '아그리파의 음악당', '아포스틀레스 교회' 등이 중심이 되는 유적으로 우리의 눈을 끌고 있다.

고대 아고라는 출입구가 남쪽과 북쪽 그리고 북서쪽 세 군데에 있다. 그중에서 나는 북쪽 출입구로 들어가서 아고라를 관람했다. 북쪽 입구로 들어가 잠시 거닐다가 왼쪽에 있는 거대한 건물을 보고 거기로 가니 바로 '아탈로스의 스토아 Stoa of Attalos'이다.

스토아란 기둥이 늘어선 복도를 말하는데, 고대 그리스 사람들은 이 스토아에서 대화도 나누고 토론도 하면서 그리스 민주정치를 만들어 나갔다 한다. 그리스의 유적 중에 거의 온전한 모습으로 복원되어 있어 그리스식 주랑의 모습을 이해하기가 쉽도록 보여 준다. 현재는 '고대아고라 Agora 박물관'으로 사용되고 있는 아탈로스의 스토아는 기원전 2세기 소아시아 페르가몬 왕국의 왕 아탈로스 2세 Attalos II가 지어 아테네에 기부한 것으로 기원전 159년에 착공해 21년 만에 완공하였으며, 고대 그리스에서 가장 긴 건축물이었다. 그 뒤에 파괴된 것을 록펠러 가문의 기부에 의해 1953~1956년 옛 양식과 형태를 그대로 살려 복원하였다고 한다. 록펠러가 부의 가치를 제대로 실현해 주었구나 하는 생각이 들었다. 그러면서 우리나라 재벌들도 국내 문화유산에 대해 많은 관심을 가지고 문화유산을 보존하고 유지하는데 기여하기를 간절하게 기원하게 된다.

아탈로스의 스토아 전경

　전형적인 헬레니즘 건축물인 스토아 Stoa, 열주랑 는 2층으로 된 대형 시설로 아래층은 도리아식, 위층은 이오니아식 열주가 세워져 있다. 위층은 건물 양 끝에 있는 계단으로 연결되고, 석회석 벽에 전면은 대리석으로 유명한 펜텔리 Penteli 에서 가져온 대리석으로, 지붕은 타일로 덮여 있다. 스토아는 고대의 쇼핑몰 겸 시민들이 모여서 토론하는 사교 장소로 여름에는 태양을 가리고 겨울에는 추위를 피할 수 있었다. 박물관 내에는 암포라 양쪽에 손잡이가 있는 항아리 류, 신석기 및 미케네시대의 도기, 무구 등 B.C. 19~B.C. 17세기의 유물들과 B.C. 7~B.C 5세기의 토기, 청동 유물, 조각품, 주화 등과 함께 비잔틴시대와 투르크 점령기의 도자기를 전시하고 있으나 박물관 내부는 사진을 찍지 못하게 해 놓아 아쉬웠다. 외부 주랑에는 아폴론 파도로스상, 데메테르상, 아프로디테상 등 조각품을 전시하고 있다.

　스토아를 구경하고 주변을 거닐다가 위로 올라가면 마주치는 건물이 '아포스틀레스 교회'이다. 이 건물은 고대 그리스의 건물이 아니라 비잔틴시대의 교회이다. 물론 복원된 건물이지만 그 형체를 온전하게 살펴볼 수 있는 얼마 되지 않는 건물이다.

신들의 고향 아테네 3

(위) 스토아의 기둥 (가운데) 헤파이토스 신전 (아래) 아그리파 음악당

아포스틀레스 교회를 돌아 여러 유적을 구경하고 거의 온전하게 원형이 보존된 건축물을 향하여 간다. '헤파이스토스신전'이다. 파르테논신전보다 더 이전에 세워진 이 신전에는 아테네의 맹주 테세우스의 부조가 많이 있어 '테세이온신전'이라고 불리기도 했다. 그러나 발굴 도중 대장장이와 관련된 물품이 많이 나와 대장장이 신인 헤파이스토스를 모신 신전으로 드러났다.

헤파이스토스신전을 뒤로 하고 내려오면 전쟁의 신 아레스의 신전 터가 보이고 거기를 지나 북쪽 출입구 가까이에 거대한 돌 조각 기둥이 세워져 있는 것을 보게 된다. 유명한 '아그리파 음악당'이다. 로마제국의 장군 아그리파가 아테네에 기증했으며 당시 아고라에서 가장 큰 건물로 1,000여 명의 관객을 수용할 수 있는 2층 건물이었다. 음악당 입구에 6개의 거인상이 서 있었다고 하는데 현재는 거인상 1개와 2개의 트리톤 반인반어 이 남아 있다. 소크라테스가 즐겨 이곳을 찾아와 사람들과 담소를 나누었다고 하며 3세기경 음악당이 파괴된 자리에 4세기경에는 체육관이 세워졌다고 한다.

이 음악당을 뒤로 두고 아고라를 벗어나니 벌써 점심시간이 늦었다. 아고라 북쪽 출입구 맞은편의 길가 카페에서 늦은 점심을 먹으려고 가니 북새통이다. 수많은 사람이 한가로이 오후를 즐기고 있다. 이 아고라 주변에는 노천카페가 아주 번창하고 있었는데 자리가 없을 정도로 많은 사람이 앉아서 식사를 하거나 차나 맥주를 마시고 있었다.

우리도 이 카페에 앉아 식사를 하면서 이 분위기를 즐겨 보았다. 그런데 그리스에는 왜 그렇게 고양이들이 많은지…… 저번 제우스신전에서도 고양이들이 돌아다녔는데 이 아고라 주위에도 고양이들이 무리를 지어 다니고 있었다. 특히 음식을 먹고 있는 도중에 고양이들이 빤히 쳐다보고 있는 모습이 눈에 띄어 음식물을 던져 주면 잽싸게 그것을 먹고 다시 주변을 어슬렁거린다. 늦었지만 한가롭게 점심을 먹고 아고라 주변을 거닐다가 시내를 구경하였다.

고대 아고라를 마지막으로 아테네에서의 여정은 끝났다. 내가 기억하지 못하는 곳도 많이 있겠고, 거리를 걸어 다니면 보았던 유명하지 않았던 여러 유적도 많을 것이다. 하지만 길거리 모두가 고대의 유적으로 꽉 찬 도시를 하염없이 걷고 또 걸으면서 많은 것을 보고 눈에 담고 마음에도 담았다. 책에서 보던 많은 사진들의 실제를 직접 눈으로 볼 수 있다는 것이 얼마나 기쁜 일인가를 실감나게 하였다.

거리의 카페

세상의 중심 델포이

아테네에 머물면서 고대 그리스인들이 신성한 땅으로 여기는 델피 델포이 를 다녀왔다.

어느 날, 제우스는 독수리 혹은 비둘기 두 마리를 날려 세상의 중심을 찾았다. 서로 반대편으로 날려 보낸 독수리가 만나는 곳을 세상의 중심으로 정하고 그곳에 원추형 돌 옴팔로스 을 땅속에 묻었는데 그곳이 바로 델포이로 현재는 델피로 불린다. 델피 Delphi 는 그리스 중부지방의 고대도시로 그리스 제2의 고봉 파르나소스 남쪽 산허리, 파이드리아데스 암벽을 배경으로 멀리 코린토스만의 바다를 바라보는 절경에 있는 아폴론의 성지로 옛날에는 여신 가이아 Gaia, 대지 를 모셨으며, 지금도 그 성스러운 사적이 남아 있다.

B.C. 6세기 무렵 아폴론의 신탁을 들을 수 있는 델피신전 sanctuary of Delphi 은 그리스뿐만 아니라 그 주변 국가들에게도 성스러운 장소로 여겨졌던 곳이다. 그들은 신탁을 얻기 위해서 이곳을 방문하였고 신탁을 얻기 위한 제물을 바치기 위해 그들의 보물창고를 이곳에 건립하였다. 고대 그리스인들은 델포이를 이름하여 '세상의 배꼽 navel of the world '이라 부르고 아폴론신전 가운데 옴팔로스 omphalos 라는 돌을 묻었다.

델피의 신탁 - 아폴론 신전

아테네에서 하루에 다녀오기는 좀 먼 거리라 일찍 서둘러 호텔을 나왔다. 델피로 가는 시외버스터미널을 찾기가 좀 어려워 택시를 타려니 아들 녀석이 우버 택시를 타자고 한다. 자기가 유럽에서 많이 이용하여 안다고 해서 우버 택시를 호출하여 이용하니 참 편리하다. 요금도 인터넷으로 결제되어 바가지를 걱정하지 않아도 되었다.

리오시온 버스터미널에서 델피행 버스를 타고 약 3시간 정도를 가니 버스터미널도 없이 길가에 간이정류소만 있는 조그마한 시골 동네에 내려 준다. 작은 마을이지만 여기는 고대 그리스인들에게는 가장 신성한 땅으로 생각되는 곳으로, 그들에게는 하늘과 지하세계를 연결하는 통로이자 온 세계의 중심이라 여겼던 신성한 장소이다. 아침 일찍 아테네를 떠났기에 먼저 가볍게 아침을 먹으려고 카페에 들어갔는데 카페에서 보는 경치가 두 눈을 황홀하게 하였다. 협곡 위에 카페가 줄지어 서 있는데 어느 곳을 들어가도 깊은 계곡과 저 멀리에는 코린토스만의 바다가 보이는 풍경이었다. 참 좋은 장소라고 생각하며, 과연 신탁을 받을 수 있는 장소라고 느꼈다.

사방으로 눈을 돌리면 저 멀리에 고대의 수많은 유적이 즐비하게 있는 것을 보고 어떻게 그 시대에 이와 같이 거대한 건축물을 건립할 수 있었을까? 하고 의문에 잠기기도 했다. 매번 생각하지만 그 시대에 이렇게 험준한 곳에 거대한 건축물을 짓기 위해서 얼마나 많은 노

멀리 보이는 코린토스만

예들이나 평민들이 지배층에게 착취를 당했을까? 아니면 자신들이 모시는 신들의 신전을 짓는 일에 기꺼이 참여하였을까? 하는 생각을 항상 가지게 된다.

버스정류소에서 가까운 유적지는 델피 성역 아폴론신전 지구 이지만 조금 떨어진 곳에 있는 아테네프로나이아 성역에서 거슬러 올라오기로 하고 도로를 따라 걸어간다. 미세 먼지에 찌든 한국의 하늘을 보다가 만난 먼지 하나 없이 파랗게 보이는 맑은 12월의 그리스 하늘이 나의 가슴을 더 맑게 만들었다. 핀란드에서 계속 우중충한 하늘만 보다가 티 없이 맑고 깨끗한 하늘을 보니 기분이 상쾌하고 좋았다. 그리스 여행에서 우리가 즐긴 것이 여러 유적지나 박물관을 제외하고도 많은 것 가운데 하나가 맑고 푸른 하늘이었다. 기온이 제법 높아서 조금 걸으니 이마에 땀이 맺힐 정도로 햇살이 따가웠다. 한적한 도로에는 차도 사람도 다니지 않아 천천히 경치를 구경하면서 걸어가니 여러 나라의 국기를 게양한 것이 보이는데 우리 태극기도 게양되어 있었다.

한 20분을 걸어가니 아테네 사람들이 세운 아테네여신의 신전과 성역인 '아테네프로나이아 성역 Sanctuary of Athena Pronaia '이 나타난다. '프로나이아'란 신전 앞이라는 의미로 아폴론신전에 가기 전에 아테네신전이 있다는 뜻이다. 현재도 버스로 아테네에서 3시간여가

아테네프로나이아 성역 전경

톨로스

걸리는 거리인데 고대에 이곳에 아테네의 주신인 아테네신전이 있다는 것은, 도시국가 아테네가 아주 강력했음을 나타내는 징표로 여겨진다.

이 신전 앞의 톨로스는 너무나 유명해 관광엽서에 자주 등장하는 원형건물이다. 원래 용도가 무엇이었는지는 알 수 없으나 지금 남아 있는 세 개의 기둥만으로도 그 위용을 자랑한다. 그리스 신화에 나오는 켄타우로스와 아마조네스의 전투장면을 묘사한 메토프 도리아 건축 양식의 프리즈에서 두 개의 트리글리프 사이에 위치한 사각형의 패널 는 델피고고학박물관에 전시되어 있다. 이 톨로스가 너무 유명하고 신전은 폐허가 되어 돌무더기만 남아 있어 사람들은 이 톨로스를 신전인양 착각하기도 한다.

톨로스 왼쪽 위에 있는 유적은 보물창고로 고대 도시국가들이 경쟁적으로 신에게 봉헌했던 보물들을 보관하는 창고이다. 어느 국가에서 만들었는지는 밝혀지지 않았으나 두 개 중 서쪽의 것은 지금의 프랑스 마르세유의 교역항으로 번창했던 도시국가였던 '마실리아의 보물창고'이다. 이것으로 보아 그 당시에 얼마나 델피가 신탁으로 유명한 고장이었는지를 짐작할 수 있다. 그리스뿐만 아니라, 소아시아, 심지어 이집트까지 신탁의 유명함이 널리 퍼져 신탁을 받기 위해 델피에 머무르는 기간이 심지어 1년을 넘기도 했다고 한다.

아테네프로나이아 성역을 구경하고 다시 델피 마을 쪽으로 조금 걸어가면 젊은이들의 교육과 훈련을 위한 장소로 대부분의 도시국가에 있는 김나지움 유적지가 나온다. 특히 델피의 김나지움은 4년마다 열렸던 피티아제전에 참가하는 선수들이 경연을 준비하는 곳으로 의미가 크다. 그런데 아쉽게도 내가 간 때에는 김나지움에 직접 내려가는 것을 금지하고 있어서 멀리서 구경할 수밖에 없었다. 하지만 멀리서 보는 김나지움 규모를 짐작하면 지금의 올림픽 경기장보다 더 크게 보인다고 해도 과언이 아니다. 심지어 육상을 하던 직선주로는

100m도 훨씬 넘어 그 크기가 우리를 압도한다.

김나지움 유적

김나지움 유적지로 내려가지는 못하고 멀리서만 구경하고 사진을 찍고 그 규모에 감탄하고 델피신전 쪽으로 가니 '카스탈리아의 샘 Kastalian Spring '이 나온다. 지금은 거의 황무지 비슷하지만 표지판과 샘의 자취를 볼 수 있는 석축물이 있다. 신성하게 여겨지는 샘으로, 피티아 여사제가 신탁을 전하기 위해서나 아폴론신전으로 들어가기 전이나, 운동선수나 사제와 순례자들이 성역에 들어가기 전에 이 샘에서 몸을 깨끗이 씻어야 했다.

수조 위의 바위에 있는 움푹하게 파여 있는 곳은 샘물의 요정 카스탈리아에게 바치는 봉헌 예물을 담아두기 위한 것이었다. 이 계곡에는 월계수가 많이 자라는데 델피의 피티아제전 경기의 승자에게 월계수로 만든 관을 씌어 주었다 한다. 참고로 올림픽제전에서는 올리브 관을 사용한다. 하지만 아쉽게도 지금은 붕괴의 위험이 있다하여 출입을 금지해 놓았다.

카스탈리아의 샘을 지나 이제 델피의 신탁과 전설이 서려 있는 가장 중요한 유적 델피성역으로 올라간다.

델피의 아폴론신전에는 신탁을 받기 위해 그 당시의 전 세계에서 사람들이 몰려왔다고 한다. 이 신탁은 그리스도교를 국교로 받아들인 테오도시우스 1세가 델피를 폐쇄할 때까지 성행하였다고 한다. 그리스도교에서는 신탁을 우상숭배라 하여 델피를 철저하게 파괴하였는데, 종교가 가지고 있는 긍정적인 면도 많지만 이런 점에서는 종교의 잔인함도 나타난다고 볼 수 있다. 신탁에서 얻은 예언은 무수히 많았겠지만 우리가 모두 알고 있는 예언이 하나 있을 것이다. 바로 유명한 '오이디푸스의 비극'이다. 신탁의 내용을 간단히 이야기하면, 테베의 왕 라이오스가 델피 신탁에서 '아들에게 살해된다.'는 신탁을 받으면서 라이오스는 예언을 두려워하여 갓난아이였던 오이디푸스를 산속에 버린다. 하지만 목동에게 발견되어 살아남은 아이는 이웃나라의 왕자로 성장하여, 결국 신탁의 예언대로 아버지를 죽이고 테베

아테네인의 보물창고 - 도시국가들의 보물창고 중 유일하게 온전한 모습을 볼 수 있다.

의 왕이 된다. 예언을 미리 들어도 운명을 벗어날 수 없다고 생각하니 우리 인생이 매우 아이러니하다고 생각된다.

성역 입구에서 아폴론신전을 올라가는 길은 '신성한 길'이라 칭하는 구불구불한 길이다. 신탁을 받기 위해서 온 사람들은 이 길을 온 정신을 가다듬고 경건하게 걸었을 것이다. 이 길의 주위를 보면 고대 여러 국가의 보물창고를 볼 수 있는데, 그 봉헌물이나 선물이 상상 이상으로 엄청났다고 전하니 이런 보물창고도 필요했으리라는 생각이 들었다. 신탁을 얻기 위해 봉헌 예물을 보관하거나, 신탁을 빨리 얻기 위해 순서를 빠르게 받으려고 그 당시 델피 주민에게 선물을 주기도 했다 한다. 한 가지 예로 리디아 사람들은 신탁의 순서를 빨리하기 위해 델피 시민 전체에게 황금 10돈씩을 선물했다고도 한다. 얼마나 신탁의 효용이 필요했을까? 그리고 신탁을 얻는 것도 재물이 필요했다는 것은 오늘날이나 그때나 돈의 위력이 대단하다는 느낌도 들어 서글픈 마음이 들었다.

신성한 땅 델피

아폴론신전 전경

아폴론의 신탁을 받는 아폴론신전은 델피 유적에서 가장 중요한 곳으로 고대 그리스의 한복판을 상징한다. 실제로 그리스인은 이 신전이 세계의 중심에 서 있다고 믿었다. '옴팔로 스' 배꼽 라는 이름의 돌이 그곳을 표시하고 있으며, 돌을 중심으로 전능한 그리스의 신 아폴 론에게 바치는 신전을 세웠다. 그래서 이곳은 고대 세계에서 가장 널리 경배 받는 신탁이 내 려지는 장소가 되어, 끊임없이 전쟁을 계속하던 그리스 도시국가의 군주들은 중대한 결정을 앞두고 아폴론의 조언을 구하러 찾아오곤 했다.

지금은 6개의 기둥만 남아 있지만 처음에는 38개의 기둥이 있었다고 하는 신전의 가장 중요했던 장소는 피티아 무녀 가 신탁을 받기 위해 앉아 있던 장소인데, 그 의자가 '트리푸스 세발의자 혹은 세발솥 '이다. 그리고 그 옆에는 대지의 배꼽인 옴파루스가 있었다. 하지만 지금 은 복원된 것밖에 볼 수 없다. 그렇다면 트리푸스의 발이 되는 기둥은 어디에 있는가? 그 궁 금증은 뒤에 터키에서 풀렸다. 이스탄불의 술탄아흐멧광장에 가면 이상한 청동 기둥이 놓 여 있다. 처음 이 기둥을 보고 이 광장과 전혀 어울리지 않는 유물이라 궁금했는데 바로 이 트리푸스의 받침대 기둥이다. 그리고 이스탄불고고학박물관에서는 이 트리푸스의 뱀의 머 리를 보관하고 있다.

아폴론신전에 쓰여 있던 여러 글 중에는 소크라테스의 '너 자신을 알라'라는 말도 쓰여 있었다고 한다. 소크라테스가 말한 것이 아니라 이 벽에 쓰여 있는 문구를 보고 그가 깨달음

(왼쪽) 복원된 트리푸스 기둥 (오른쪽) 술탄아흐멧광장의 트리푸스 기둥

을 얻었다고도 하는데, 지금은 확인할 수가 없다.

아폴론신전을 한참 보고 즐기고 다시 발걸음을 위로 향해 가면 고대 원형극장이 나온다. 피티아제전에서 음악경연대회가 열렸던 곳으로 보존 상태가 좋아 오늘날에도 여름에는 공연장소로 쓰인다고 한다. 뜨거운 여름에 신탁의 신성한 장소에서 시원한 바람을 맞으며 음악을 듣는다는 것을 상상만으로도 즐겁다.

그리스 문명을 구경하면서 각 도시의 유적마다 원형극장이 있는 것을 보고 얼마나 그 당시의 사람들이 예술을 즐겼는지가 상상이 되었다. 그리고 많은 유적이 관심을 끌었지만, 이 원형극장이 나의 시선을 더 끌었다.

고대극장을 구경하고 그 길을 따라 위로 가면 델피 성역에서 가장 높은 곳에 위치하고 있는 스타디온 Stadion 이 나온다. 피티아제전에서 스포츠경연이 열리던 장소이다. 그런데 트랙의 길이가 눈대중으로 보아도 약 200m는 될 것 같다. 내가 가진 카메라가 조금 부실하여 최대한으로 찍어 보았으나 그 전체를 담기에는 역부족이어서 부분을 나누어 찍어야 했다.

(위) 원형극장 (아래) 스타디온.

이 스타디온을 끝으로 델피 성역을 뒤로 하고, 델피 성역에서 발굴된 많은 유물을 전시하고 있는 델피고고학박물관으로 간다. 델피 성역에서 마을 쪽으로 조금만 가면 있는 박물관은 규모는 작지만, 그 의미를 따지면 그리스에서 가장 중요한 박물관 중 하나이다. 박물관의 입구를 보면 어디선가 본 듯한 느낌이 드는데 바로 델피 성역의 '신성한 길'을 재현해 놓은 듯하다. 이 박물관에 전시된 유물은 모두 델피 성역과 아테나프로나이아에서 발굴된 것이다.

이 박물관의 주요한 유물 중에서 전차

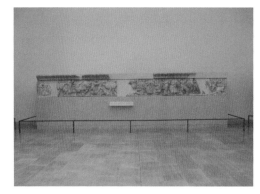

(왼쪽 위) 프리즈 - 사자가 끄는 수레를 타고 와서 거인을 공격하는 퀴벨레 여신
(왼쪽 아래) 프리즈 - 헤라클레스가 아폴론과 세발의자를 놓고 다투는 장면
(오른쪽 위) 낙소스인의 스핑크스 - 카클라데스제도의 큰 섬인 낙소스인이 아폴론에 봉헌한 작품
(오른쪽 가운데) 클레오비스와 비톤의 형제상
(오른쪽 아래) 델피 도기 - 까마귀 앞에 술을 붓고 있는 아폴론

전차를 모는 청동 마부상

를 모는 청동 마부상은 피티아제전 전차 경주에서 승리한 것을 기념하여 바친 청동상으로 4마리의 말과 마부상이 한 세트라 하는데 말들은 어디에 달려 가버렸는지 알 수가 없고, 남아 있는 마부의 생생한 표정이 압권이다. 마부만 남겨두고 달려간 말들은 지금 베네치아의 산마르코 성당 안에서 휴식을 취하고 있다고 한다.

박물관을 구경하고 나오니 시간이 제법 늦었다. 마을로 돌아가서 카페에 앉아 늦은 점심을 먹는데 창밖으로 보이는 풍경이 너무나 아름답다. 그냥 우연히 들어간 카페는 알고 보니 상당히 유명한 레스토랑이었다. 델피에서 현지인들이 가장 많이 추천해 주는 식당으로 소박한 가정식 요리를 메뉴로 하는 전통적인 그리스 식당이었다. 음식도 상당히 좋았고, 무엇보다 그곳에서 보는 경치가 아주 좋았다.

이 조그마한 델피가 천혜의 아름다움을 간직하고 있기에 옛날부터 이곳에 신탁이 있었으리라는 생각이 다시 들었다. 점심을 먹고 아테네로 돌아갈 버스를 기다리며 마을을 돌아보았다. 다 돌아보아도 1시간이 걸리지 않는 마을에 조그마한 건물들이 줄지어 서 있는데 대부분이 카페와 마을 집을 개조하여 만든 것 같은 호텔이었다. 하지만 모두가 아름다운 자연의 풍광을 즐길 수 있게 만들어 놓았다. 시간만 많으면 조용히 휴식을 취하기에 알맞은 마을이다.

오후가 되니 사람들이 제법 거리와 카페에 보인다. 이들은 우리와 달리 아침의 시작을 상당히 늦게 한다. 그 모습을 바라보며 오후 늦게 버스를 타고 아테네로 돌아왔다. 아테네에서 델피까지 왕복 6시간을 버스를 탔지만 조금도 지루하지 않은 여정이었다.

그리스여행기

(왼쪽 위) 레스토랑의 모습
(왼쪽 아래)(오른쪽 위) 마을 풍경
(오른쪽 아래) 레스토랑에서 보는 풍경

델피를 다녀온 다음 테베 테바이 로 향했다. 테베는 중부 그리스의 가장 큰 도시로 미케네 시대의 왕궁 터가 남아 있고, 테베 주변의 고고학적 발굴로 이 지역이 미케네 문명의 중요한 정착지였음이 밝혀졌고 그 시대의 유물도 많은 곳이다.

테베까지는 아테네에서 기차가 다니기 때문에 열차 시간만 제대로 알면 이동하기가 편리했다. 대략 한 시간 남짓 걸려 테베역에 도착했다. 아주 조용하고 한적한 도시였다.

이미 B.C. 3,000년 전부터 주민이 산 흔적이 있는 테베는 그리스어로는 'Thebai'며, 그리스 신화에서 중요한 역할을 하는 곳이다. 신화에서는 페니키아계의 카드모스가 이곳에 성을 쌓고 카드메이아라고 명명하였다고 한다. 카드모스는 하르모니아와 결혼하여 여러 자녀를 낳았지만 모조리 불행한 죽음을 당했다. 그 공주 중 하나인 세멜레가 제우스와의 사이에 낳은 아이가 풍요와 포도주와 주정의 신 디오니소스이다.

또한 소포클레스의 유명한 '오이디푸스', '안티고네' 와 아이스퀼로스의 '테베를 공격하는 7인', 그리고 '안티오페와 그 쌍둥이 아들' 등등 그리스 비극의 소재가 된 신화나 전설이 이곳을 무대로 전해지는 것으로 미루어 그리스 초기에는 이곳이 번성한 도시국가였음을 짐작할 수 있다. 신화에 따르면 테베에는 일곱 문이 있었으며, 테베를 공격한 일곱 장수와 그 아들들인 에피고노이들은 각각 하나의 문을 맡았고, 방어를 하는 테베도 각 문에 장수를 한 명씩 배치해 맞섰다고 한다.

페르시아 전쟁 중에는 페르시아 편을 들었고, 펠레폰네소스 전쟁 뒤에는 아테네 편에 들어 스파르타와 대립하였다. 어느 동안은 그리스의 패권을 잡았으나 오래 계속하지 못하고 패권을 잃었다. 그 뒤 알렉산드로스 대왕에게 패하여 완전히 파괴되었으며 현재 세계문화유산 목록에 등록되어 있다.

테베는 위대한 영웅 헤라클레스가 탄생한 땅이며, 그로 인해 테베 중장보병의 방패 문장에 곤봉 헤라클레스의 상징 그림이 자주 사용되었다. 하지만 지금의 테베는 한적한 시골 도시로 시가지는 고대의 아크로폴리스를 중심으로 발전하여 있다. 그리스의 고대 도시국가가 자리

잡은 도시에는 모두 유적지를 보호하고 관광객을 끌어 모으려고 하고 있으나 테베는 버려진 유적이 폐허로 있고 보존도 제대로 되어 있지 않다. 그저 고고학박물관이 옛날 한때 융성한 도시의 유물들을 간직하고 있을 뿐이다.

기차를 내려 역에서 출발하여 유적이 있는 곳을 제대로 모르면서 시내를 하염없이 걷기로 했다. 아들과 나의 특기이자 장점을 살려 그냥 발길이 가는대로 구경을 하는 것이다. 물론 어디에 무엇이 있는가를 대강은 알고 간다. 구글 지도가 여행자에게는 구세주와 같다. 스마트폰을 켜고 구글 지도만 연결하면 어디로 가야 하는지 어디에 무엇이 있는지를 알 수 있다. 참으로 편리해진 세상이다. 옛날에 길을 모르면 사람들에게 묻고 또 묻고 해서 찾아 다니던 생각이 난다. 길을 가다 보면 아름다운 모양의 집들이 자주 눈에 띈다.

길을 가다 처음으로 마주친 유적이 암피온 The Amphion 이다. 지금은 조그마한 언덕이고 별다른 유적도 보이지 않는데 테베의 왕이었던 암피온과 제토스의 무덤이다. 암피온은 그리스 신화에 등장하는 테베의 왕으로 쌍둥이 형제 제토스와 함께 테베를 다스리며 일곱 성문이 달린 테베 성을 축조하였다고 한다. 제토스와 쌍둥이 형제로 태어나자마자 키타이론 산에 버려졌는데 양치기가 이들을 발견하여 길렀다. 암피온은 음악에 제토스는 무술과 목축에 뛰어났다. 성장한 뒤 안티오페를 만나 신분에 대한 내력을 알고 어머니를 핍박하던 리코스와 그의 아내 디케르를 죽여 복수하였다.

테베의 왕이 된 형제는 성벽을 쌓아 나라를 굳건히 하였는데, 암피온이 리라를 연주하자 신묘한 음율에 돌들이 저절로 움직여 성벽이 완성되었다고 한다. 암피온은 일곱 줄로 된 리라를 본 따 테베에 7개의 문을 만들었다. 테베는

표지판이 없으면 아무도 알아볼 수 없는 암피온

이전에는 카드메이아라고 불렸으나 제토스의 아내 이름을 따서 바꾼 것이라고 한다.

　암피온은 리디아 왕 탄탈로스의 딸 니오베와 결혼하여 아들과 딸을 각각 7명씩 또는 6명씩 두었으나, 니오베가 자식을 많이 낳은 것을 뽐내어 레토를 모독한 벌로 레토의 유일한 아들과 딸인 아폴론과 아르테미스의 손에 자식들을 모두 잃었다. 비탄에 빠진 니오베는 울다가 돌이 되었고 암피온은 자살하였다고 전하고 있다.

　계속하여 길을 걸으며 간 곳이 테베고고학박물관이다. 테베고고학박물관은 조그마하지만 테베의 유물을 한눈에 볼 수 있게 정리해 전시하여 잊혀 가는 도시에서 과거의 영광의 편린을 엿볼 수 있는 중요한 공간이다. 박물관을 들어가면 오른쪽으로 과거 테베 성곽의 일부인 큰 석조물이 보인다. 고고학박물관을 옛 성터에 지은 것이다. 이 박물관에는 야외에 전시되어 있는 여러 조각상들을 구경하는 것도 재미있다. 무언가 아주 유명한 작품들은 아니지만 테베의 역사적 유물로서 가치가 있는 것이다.

　박물관을 나와 주변의 조그마한 카페에서 커피를 한잔 마시고 잠시 휴식을 취했다. 마을

테베고고학박물관

(왼쪽 위) 외부의 전시물
(왼쪽 아래) 신화가 그려진 도기

(오른쪽 위에서 부터)
* 외부의 전시물
* 여인들이 그려진 벽화
* 물고기가 그려진 벽화
* 아마 헤라클레스인 듯

의 주민들로 보이는 노인들이 한가로이 카페에 앉아 차를 마시며 담소를 나누고 있는 여유로운 모습이 내 마음도 여유롭게 만들었다. 잠시 휴식을 취한 후 다시 테베의 시가를 목적지도 없이 거닐기로 했다.

(위) 미케네 궁전 (가운데) 아폴론신전터
(아래) The Fountain of DIRKE - STREAM의 발굴현장

시내를 돌아다니며 여러 유적을 구경하면서 구글 지도를 바탕으로 아폴론신전을 찾아가니 표지판에는 아폴론신전이라고 표시해 놓았으나 아무것도 없고, 그저 돌무더기 몇 개가 남아 있을 뿐이다. 테베의 여러 곳을 다녀 보니 테베의 유적은 거의 알아볼 수 없게 파괴되었다. 언제 테베가 황폐해졌을까? 신화에 의하면 일곱 장수의 아들들에 의해 철저하게 파괴되었다고 하고, 역사에 의하면 알렉산드로스에 의해 철저히 파괴되었다 한다. 누가 파괴했던지 테베는 폐허의 도시로 남아 있다.

테베를 이곳저곳 다니면서 유적지와 시가를 구경하고 나니 어느새 저녁이 되었다. 테베에서 아테네를 다니는 기차가 많지 않아 시간을 맞추기 위해서 아들과 의논하여 이곳에서 저녁을 먹고 아테네로 돌아가기로 하였다. 식당이 즐비하게 늘어서 있는 식당가가 보여 그중 한 곳에 들어가니 테베에서는 제법 유명한 집인지 사람들이 많았다. 그리스 사람들은 하루의 시작을 천천히 하는 것 같았다. 아침에 아들과 내가 움직일 때는 사람들이 거의 없었는데 오후가 되면서 많은 사람들이 길거리에 보이고 저녁 늦게까지 활동을 한다. 우리와는 생활패턴이 좀 다르게 보인다. 우리가 보기에는 게으르다고 생각할는지 모르나 그들이 보기에는 우리가 여유가 없다. 모든 것이 자기 위주의 생각일 뿐이라고 느낀다.

저녁을 먹기 위해 식당에 들어가 세 가지 음식과 맥주 한 병을 청해서 마시고 여러 가지 이야기를 했다. 테베를 왜 이렇게 황폐하게 버려두는가? 그리고 그리스 맥주 이야기, 세상의 모든 잡다한 이야기 등등 생각나는 대로 담소를 나누며 시간을 보냈다. 아들과 여행을 하면서 끝없이 이야기를 하고 서로의 생각을 말하는 것이 큰 즐거움이다. 언제 아들과 이같이 한가롭게 이야기를 할 기회가 있을까? 아마 어려울 것이다. 이 점에서 나는 복 받은 사람이라 생각하니 아들 녀석이 더욱 고맙게 다가왔다.

저녁을 먹고 어두워진 거리를 걸어 내려가면서 길거리의 오렌지를 보고 또 한마디 한다. 저 오렌지 따 먹어도 되는지…… 오후 8시에 테베를 출발하는 기차를 타고 아테네로 돌아오는 긴 여정이었다. 더구나 테베에서는 종일을 걸어 다니느라 조금은 피곤함을 느꼈다.

식당의 모습

아테네를 떠나 버스로 약 5시간이 걸리는 피르고스로 간다. 피르고스로 가는 이유는 올림피아에 가기 위해서다. 그리스를 여행하면서 올림피아를 구경하지 않고서는 고대 그리스 문명을 제대로 보았다고 말할 수 없지만, 올림피아는 아테네에서 약 260㎞ 정도 떨어져 있어 너무 멀다. 사람들은 올림픽의 성화를 채화하는 올림피아가 아테네 근방에 있는 줄로 착각하지만 펠레폰네소스반도 서쪽 끝자락에 위치한 피르고스까지 가서, 올림피아는 또 더 가야 한다. 아테네에서 올림피아를 하루에 다녀올 수가 없어 피르고스에서 일박을 하기로 하고 아테네를 떠났다.

그리스의 장거리 버스는 좀 특이하다. 버스를 타니 옛날 우리 버스의 차장 같은 사람이 돌아다니며 음료와 간단한 먹을거리를 준다. 처음에는 파는 것인 줄 알았는데 조금 지나서 보니 장시간의 여정을 조금이라도 편안하게 해 주려고 무료로 나누어 준다. 피르고스까지 거리는 그렇게 멀지는 않는데 우리나라와 달리 도로가 발달되어 있지 않아 시간이 많이 걸린다. 외국을 다녀 보면 실제 우리나라처럼 교통이 편리한 나라도 얼마 없다. 장시간 버스를 타고 늦게 피르고스에 도착하여 숙박을 하고, 다음날 아침 기차로 30분 정도 걸려 올림피아로 이동했다.

우리가 흔히 말하는 올림포스는 신화의 산이고, 내가 가는 곳인 올림피아는 그리스 펠레폰네소스반도 북서쪽 엘리스 지방 크로노스의 언덕 123m 기슭에 있으며 제우스의 신역으로 고대 올림픽제전이 개최되던 신성한 곳으로 제우스의 신역 이전부터 대지의 신의 신탁소로 알려졌다. B.C. 3,000년 전부터 사람이 산 흔적이 그 주변에서 발견되었으나 신역은 B.C. 1,000년 전후로 소급되며, 출토된 종교적 봉헌 예물도 B.C. 800년 무렵의 것이다.

신역은 헤라클레스가 만들었다고 하는 벽으로 둘러싸여 있으며, 그 속에는 제우스신전을 비롯하여 제우스 제단, 헤라신전, 펠롭스의 무덤 등이 있고, 북쪽에는 그리스의 여러 폴리스에서 헌납한 11개의 보물창고가 늘어서 있었고, 또한 경기 우승자의 상이 여러 곳에 세워져 있었다. 신역의 동쪽에는 경기장이 있고 서쪽에는 체육관, 레슬링 경기장, 숙박 장소 등의 여러 건축물이 있었으나 안타깝게도 올림피아의 영광은 서기 393년에 막을 내린다. 기독교 신앙의 열정이 가득 차 델피를 무자비하게 파괴한 테오도시우스 1세가 우상숭배라 하여 제전을 금지시켰기 때문이다.

그리고 426년 테오도시우스 2세가 이교 신전 파괴를 명령하여 신역의 파괴가 시작되었고, 심지어 그리스 예술의 산실인 페이디아스의 작업장을 교회당으로 개조하는 만행을 저질렀다. 현대의 탈레반이 바이만 석불을 파괴하는 것과 다를 바 없는 행위다. 종교가 가진 긍정적인 힘도 크지만, 이러한 사건은 종교라는 이름으로 저질렀던 만행의 한 예가 되기도 한다. 6세기에는 지진과 홍수가 일어나 철저히 파괴되고 묻혀버렸는데 1829년 프랑스인이 발굴을 시작하였고, 1874~1881년에 독일인이 조직적인 발굴을 하여 프락시텔레스의 작품이라고 하는 헤르메스상과 제우스신전의 박공 등이 출토되었다.

이 올림피아의 발굴이 모범적인 것은 이곳에서 발굴되어 수습된 유물은 모두 그리스에 귀속시켜야 한다는 조건에서 이루어졌다는 것이다. 그래서 우리는 독일의 베를린박물관이나 영국이나 프랑스의 박물관이 아니라 올림피아의 박물관에서 올림피아의 유물을 볼 수 있다. 1928~43년과 최근에도 발굴이 계속된 결과 스타디움도 발굴되고, B.C. 457년의 금상아제 金象牙製 제우스상을 만든 조각가 페이디아스의 작업장 및 사용한 도구 등도 출토되었다. 1989년 유네스코에 의해 세계문화유산으로 지정되었다.

기차를 타고 올림피아 역에 도착하니 내리는 사람이라고는 나와 아들뿐이다. 그리고 비가 오기 시작한다. 오랜 여행의 경험으로 비가 올 경우를 대비하여 조그만 우산을 가지고 다녔기에 우산을 펴고 올림피아 거리를 걸어가서 먼저 마주한 곳이 올림픽 기념관이다. 문을 닫아 놓아 안으로는 들어가지 못했지만, 여기가 올림픽의 도시라는 생각이 들었다.

이 기념관을 뒤로하고 걸어서 올림피아에 도달하니 관광객은 아무도 없고 나와 아들뿐이다. 비가 부슬부슬 내리는 올림피아에 입장권을 끊고 들어갔다.

그리스의 웬만한 유적지에는 마을 주민들로 보이는 노인들이 입장권을 발권하고 모여

(위) 올림피아역
(가운데) 올림픽기념관
(아래) 올림피아 유적 설명판

서 담소를 나누고 있었다. 나라에서 노인들에게 소일거리를 주는 정책을 시행하고 있는 것일까? 그렇다면 자기 고장을 위해 일한다는 자부심을 가지게 하는 참 좋은 정책이라는 생각이 들었다.

올림피아는 거의 다 파괴되었고 옛날의 흔적을 볼 수 있는 건물도 몇 개 없이 돌무더기만이 뒹굴고 있다. 단지 이곳이 올림피아라는 설명이 곳곳에 있어 그 설명을 보고 '아, 여기가 거기구나!' 하고 구경할 뿐이다. 먼저 보이는 유적은 온천으로 경기를 마친 선수들이 휴식을 취하며 다음 경기를 위해 관리를 하는 곳이다.

올림피아에 있는 알티스 성역에는 장엄한 제우스신전이 세워져 있고, 제우스신전 뒤에는 성스러운 올리브 나무가 있는데 그 가지로 우승자를 위한 올리브 관을 만들었다. 제우스신전은 B.C. 472년 지었다고 전한다. 이 신전은 그리스에서 큰 규모로 꼽히는 신전 중 하나로 규모는 높이 21.79m, 너비 30.44m, 길이 73.70m이었다고 하는데, 지금은 몇 개의 기둥과 기둥이 무너진 흔적만 남아 있다. 건축가는 엘리스 출신의 리본 Libon 이고 건축 양식은 도리아식이다. 신전 내부에는 유명한 그리스 조각가 페이디아스 Pheidias 가 만든 천지의 최고 통치자 제우스가 위엄 있는 모습으로 왕좌에 앉아 있었다. 상아와 금으로 장식된, 세상에서 가장 경이로운 것으로 칭송받았던 이 신상은 훗날 로마 제국이 수도를 콘스탄티노플 지금의 터

그리스편

키 이스탄불 로 옮기면서 그곳으로 옮겨갔는데, 475년에 일어난 화재로 지금은 볼 수 없게 되었다니 안타깝다. 또 정면 프리즈 천장과 기둥 사이에 해당하는 곳 에는 멋진 조각이 새겨져 있었다고 하는데 이 조각은 박물관에서 볼 수 있다.

당시엔 초대 손님이나 올림픽 선수들을 위한 숙박 장소로 사용되었다는 건물은 낙소스 섬의 부호였던 레오니다스 Leonidas 가 B.C. 330년경 설계하고 기증했다고 한다. 성역 남서쪽 가장자리에 있었으며 당시 일대에서 가장 큰 건물로 138개 기둥으로 이루어진 4개의 주랑이 있었으며 건물 가운데에는 연못을 포함한 정원이 있는 엄청난 크기의 건물이었다.

제우스신전을 보고 헤라신전 쪽으로 가다가 오른편으로 가면 고대 올림픽 경기장이 나오는데 운동장 앞에는 보물창고들이 즐비하게 늘어서 있었다. 고대 그리스인은 운동경기를 즐겨서, 전쟁을 하다가도 올림픽 기간에는 휴전을 하고 경기를 즐겼다고 한다. 오늘날 올림픽을 평화의 제전이라고 부르는 이유도 여기에 있

(위) 제우스신전 유적
(가운데) 올림픽 경기에서 승리한 사람이 초대되어
축하를 받았던 장소, 프리타니온
(아래) 김나지움 유적지와 선수들이 연습하던
팔라이스트라 연습장

지만, 과연 오늘의 올림픽을 고대 올림픽과 같이 순수한 평화의 제전이라 부를 수 있을까? 상업주의에 물들어 참가보다 메달을 따는 것에 더 열중하고 있는 현실이 안타까울 뿐이다.

고대의 올림픽은 오늘날의 올림픽과는 좀 다른 성격으로 제우스를 기리는 종교적 행사의 일부였다. 올림픽에 참가하는 선수들은 모두 개인 자격이었고 어떤 국가나 집단을 대표하지는 않았다. 선수들은 모두 남자였고 나체로 경기를 했다고 한다. 그래서 관중은 당연히 남자들뿐이었다. 다른 설로는 미혼의 여자는 구경할 수 있다고도 한다. 그런데 오직 한 여자만이 경기를 관람했다는데 그 특권은 엘리스의 공주에게 주어졌다고 한다. 다른 설로는 기혼 여자 가운데 데메테르 여자 신관만 구경할 수 있었다고도 한다.

그리고 여자들의 경기는 올림픽과는 다른 날에 헤라 여신을 경배하는 '헤라리아'라는 경기를 열었다고 한다.

이 경기장 스타디온 의 동서 양쪽 표석 중앙부의 거리를 재면, 올림픽 스타디움의 길이는 정확하게 192.27m이다. 전설에 의하면 이는 영웅 헤라클레스가 단숨에 달릴 수 있는 거리이며, 그가 큰 걸음으로 쟀기 때문에 다른 스타디움보다 길다고 한다. 경기장 안으로 들어가면 지금도 대리석으로 만든 출발선이 보이는데 관광객들은 여기에서 자기도 올림픽에 참가한 선수가 되어 포즈를 취한다.

드디어 내가 이 올림피아에서 가장 보고 싶었던 헤라신전이다. 올림픽이 있을 때마다 올림픽 성화를 채화하는 방송을 보고 꼭 한번 가보고 싶었던 곳으로, 2018 평창 동계올림픽 성화 채화를 볼 때도 저곳을 언제 가보나 했는데 드디어 왔다. 성화 채화는 헤라신전 앞에서 하는데, 사실은 이 성화 채화는 베를린올림픽에서부터 시작되었다.

헤라신전 헤라이온 Heraion 은 재화나 예술품으로 가득 채워져 있었다. 헤라신전은 제우스신전보다 먼저 기원전 600년경 알티스라 불리는 이곳 성소에 세워졌다. 올림피아의 유적들이 모두 제 원형을

(위) 올림픽경기장 입구
(아래) 옛 올림픽 경기장

알 수 없을 정도이나 헤라신전은 그래도 비교적 이 올림피아에서 온전하게 보존되고 있는 유적이다. 헤라신전 남쪽에는 오각형으로 담장을 두른 펠롭스의 무덤이 있다.

올림피아를 돌아보는 동안 비는 계속해서 내리고 있었다. 비가 내리는 올림피아를 돌아보며 과거를 상상해 보는 것도 재미가 있다. 경기장에서 운동경기를 하는 모습. 제우스신에게 제사를 지내는 모습. 수많은 관중이 모여서 함께 즐기는 모습 등등……

헤라신전을 보고 올림피아를 벗어나 이곳에서 발굴된 유물이 전시되어 있는 박물관으로 간다. 앞에서 말했듯이 올림피아의 유물은 이곳에서만 볼 수 있으므로, 그리스를 여행할 때 올림피아를 와 보아야 하는 주요한 이유이기도 하다. 박물관은 올림피아 맞은편에 있는 크지 않은 박물관이지만 그 소장품의 가치는 무엇과도 바꿀 수 없다.

올림피아와 박물관을 구경하고 나니 어느새 돌아갈 시간이 되었다. 올림피아를 벗어나 시내에 와서 늦게라도 점심을 먹었다. 그리스의 카페는 참 아름답게 꾸며 놓고 있다. 외양

헤라신전

(왼쪽 위에서 부터)

* 올림피아에서 발굴된 청동 투구
* 제우스신전의 페디먼트

  (라피타이안과 켄타우로스의 전쟁에서 평정을 잃지 않고
  중심에 서 있는 아폴론)

* 레슬링경기가 그려진 도기
* 박물관에 전시되어 있는 벽화

(오른쪽 위에서 부터)

* 메가라인 보물창고의 페디먼트와 프리즈
* 켄타우로스에게 추행을 당하는 히포다메이아

  (히포다메이아의 얼굴 표정을 어떻게 해석할지는 각자의 상상이다.
  어떤 사람은 체념을 누구는 열락을, 누구는 공포를 이야기하기도 한다)

* 승리의 여신 니케

이 아름다운 카페에 들어가 양고기 꼬치와 해산물로 점심을 먹으니 후식으로 꿀을 바른 케이크 조각을 주어 맛있게 먹었다.

올림피아에서 많은 것을 보고 생각했다. 고대 그리스인들은 왜 무엇 때문에 이 올림피아를 건립하고 제전을 열었을까? 아마도 조화로운 삶을 추구하기 위한 것이 아닐까? 하는 생각이 들었다. 그 당시는 아직은 야만의 시대였을 것이다. 힘이 모든 것을 지배하던 시대에 신에 대한 경배를 통해 질서를 얻으려 했던 것이 아닐까?

그리스는 결코 풍요로운 땅은 아니다. 오히려 척박한 땅이다. 하지만 그들은 살아남았다. 전쟁이 끊이지 않았던 초기 그리스 시절에 어떻게 하든지 전쟁에서 벗어나 보려는 시도가 올림픽제전이 아니었을까? 신에 대한 경배를 제전이라는 형태로 승화시켜 이 제전 기간은 '성스러운 휴전'이라는 묵시적 협정을 통해 평화를 추구한 것이 아닐까? 하는 생각이 들었다.

올림피아의 많은 건물은 모두 올림픽제전을 위해 건립되었다. 하지만 지금 원형을 엿볼 수 있는 건물은 없고 폐허의 유적뿐이다. 그래도 그 유적에서 과거 올림픽의 흔적이라도 느낄 수 있는 우리는 행복하다.

올림피아에서 기차를 타고 피르고스로 돌아와 호텔에서 잠시 쉬다가 코린토스로 간다. 또 약 4시간 정도 버스를 타야 한다.

(위) 올림피아 카페 전경
(가운데)(아래) 올림피아 유적

피르고스를 떠나 코린토스로 왔다.

지금부터는 코린토스 시내에 머무르며 펠레폰네소스반도의 고대 그리스 유적지를 답사하는 여정이다. 코린토스는 옛 지구와 신시가지가 구분되어 있으므로 고대 코린토스 유적은 나중에 보기로 하고 숙소를 정한 시내로 가려니 교통체계가 조금 복잡하다. 코린토스에서 다른 곳으로 가려고 할 때는 시내에서 우리의 시외버스터미널까지 따로 가야 한다. 거리는 크게 멀지는 않지만, 교통편이 좀 불편하여 시내버스를 기다리기에는 시간이 아깝고 해서 주로 택시를 이용했는데 생각보다는 많은 요금이 나오지 않아 편리했다.

나플리오는 아르고스만의 위쪽 끝에 있는 도시로, 1822년 독립전쟁에 의해서 그리스 영토가 될 때까지 베네치아와 터키에 여러 차례 점령되었던 아픈 역사를 가지고 있다. 흔히

들 아테네가 그리스의 첫 번째 수도라고 알고 있지만 사실은 나플리오가 첫 번째 수도로 그리스의 베네치아, 나폴리라 불리는 도시로 아름다운 자연과 옛 유적들이 우리 눈을 끌고 있다.

나플리오는 전체 시가지가 좁아서 한나절만 돌아다니면 다 돌아 볼 수 있는 아기자기한 구 시가지와 아름다운 자연 풍경으로 아테네 사람들의 주말 휴양지로 손꼽히는 곳으로, 조용한 구 시가지를 배회하면서 바닷가의 카페에 앉아 마음을 치유하는 에너지를 얻을 수 있는 곳이다.

나플리오 버스정류장에 내려 아기자기한 나플리오 올드타운 길을 따라 시내

올드타운 거리 풍경

를 걸어가면 신다그마광장이 나온다. 올드타운 거리는 좁은 골목길로 오래된 도시의 정취를 느낄 수 있는 낭만적인 거리로 오랜 세월을 거치면서 사람들의 발길에 길바닥의 돌들이 반짝거린다. 옷, 미술품, 신발 그 외 여러 가지의 물품을 파는 가게와 노천카페들이 즐비하며, 낮에는 조용해 보이는 거리가 해가 지면 야외 식당 겸 술집으로 변하여 멋있는 치장을 한 카페들이 각자 자신의 특색을 나타낸다.

올드타운 거리의 아름다운 모습을 즐기며 한가로이 걸으니 바닷가 가까이에 광장이 나온다. '신다그마광장'이다. 나프플리오의 여러 이야기를 담고 있는 건물들이 여기에 모여 있어 아름다운 건축물을 눈으로 보며 바닷가를 조금 걸어가면 카페가 즐비하게 줄지어 있다. 꼭 부산 광안리 해변의 카페와 같이 바다를 보면서 식사와 음료를 즐길 수 있게 위치를 잡고 있다. 아직 점심식사 시간이 되지 않아 그 길을 따라 걸으니 바다 가운데 뜻밖의 성 같은 것이 보인다. 부르지 섬이다.

나프플리오의 랜드마크 정도로 잘 알려진 섬 전체에 제법 큰 석조 건축물이 있다. 1473년 베네치아 사람들이 항구를 지키기 위해 요새로 지은 것으로 1865년까지 요새로 사용되

부르지섬

티린스유적 설명

면서 외부의 침입자로부터 도시를 보호할 뿐만 아니라 항구 출입을 통제하는 기능도 했다고 한다. 그 뒤에는 여러 용도로 사용하다가 1930년대부터 1970년대까지는 호텔로도 사용되었는데, 지금은 아무도 머물지는 않지만 여름에는 항구와 섬을 이어주는 보트가 있어 관광자원으로 사용된다고 한다.

나프플리오 관광을 잠시 멈추고 이곳에서 30분도 되지 않는 거리에 있는 티린스를 다녀오기로 하였다. 티린스는 그리스의 아르고스 평야 거의 중앙에 있는 미케네시대 왕성의 도시유적으로 아르고스만을 마주보고 나프플리오 북쪽에 있다. 미케네시대의 대표적인 유적으로 이른바 '키크로페스 성벽'의 전형적인 예라고 하는 거석축조, 메갈론 터, 수도 隧道:터널 등이 남아 있다.

1884~1885년 독일의 고고학자 슐리이만이 발굴하였으며, 그 후에도 독일의 고고학자가 중심이 되어 발굴이 계속되었다. 미케네시대에 미케네와 함께 번영한 도시로, B.C. 1,400년경부터 성벽으로 에워싸인 왕성이 이루어져 있었고, 그 이전에도 마을이 있었음이 밝혀졌다. 미케네시대의 왕궁은 벽화로 장식된 화려한 것이었으나 모두 불타 없어졌다고 하며 지금은 폐허의 돌무더기만 남아 옛 자취를 생각나게 한다.

현존하는 것은 여러 번 개축을 한 최후의 왕궁인 B.C. 13세기의 것이라고 하는데, 티린스가 폐허가 되어 있지만 키크로페스 성벽만으로도 너무 좋았다. 왜 거석 건조물이 사람의 마음을 이렇게도 흔드는지…… 시간만 많다면 곳곳을 보고 싶었으나, 시간도 부족했고 아직 발굴과 수리 중이라 아주 조금밖에 보지 못하였다. 여러 지하 공간들과 터널 등등이 엄청 많이 있었는데 들어갈 수도 없어 바깥만 보고 나올 수밖에 없어 안타까웠다. 언제 이 티린스가 온전하게 우리에게 다가올는지…….

티린스를 보고 나니 허무한 생각이
너무 든다. 완전히 폐허가 된 유적만이
덩그렇게 지금 남아 있으므로 그리스를
여행하는 사람들 가운데 얼마나 많은 사
람이 이 티린스를 찾아올까? 하고 생각
해 보니 옛 영화는 다 필요가 없다.

티린스를 떠나 다시 나프플리오로 돌
아와서 아크로나프플리오 요새로 가는
길에 처음 마주치는 곳인 '마른 땅의 문'
은 나프플리오 성의 입구로 예전에는 해
가 지고 나서는 누구도 드나들 수 없게
굳게 잠겨 있었다고 하는데, 옛날에는 이
문 앞에 수로가 있어 작은 배들이 다니던
곳이라고 한다.

문을 지나 아크로나프플리오 요새로
간다. 가는 도중에 왼쪽으로 보면 멋있는
성채가 언덕 위에 보인다. 팔라미디 요새
Fortress of Palamidi 다. 언덕 위에 서 있는
모습이 장엄하기도 하지만 너무 아름답
게 보인다.

(위)(가운데) 티린스키크로페스 성벽
(아래) 티린스 유적

이 성채는 해발 216m 높이의 언덕에
베네치아 사람들이 지은 것으로 18세기
초에 만들어져서 지금까지 원형이 잘 보
존되어 있다. 성채 위에 올라가려면 끝도

없이 펼쳐진 913개의 계단 현지인들은 999개라고 주장 을 올라가야 한다. 꼭대기에 올라가면 나
프플리오와 아르고스 평야가 다 보인다 하는데 통행을 금지해 놓아 외양만으로도 아름다운
모습에 감탄을 하며 만족한다.

(왼쪽 위) 티린스 성벽 유적 (오른쪽) 성채 올라가는 계단 통로
(왼쪽아래) 아크로나프플리아 요새쪽에서 보는 팔라미디 성채

이 팔라미디 성채는 그리스 독립전쟁의 영웅 테오도로스 콜로코트로니스가 오스만 제국
의 공격을 15개월 동안 막아낸 천혜의 방어용 요새로 더 유명하다.

팔라미디 성채를 보면서 오른쪽으로 난 길을 따라 올라가면 아크로나프플리아 성
Akronafplia Castle 이다. 13세기 무렵 이곳을 점령한 베네치아 사람들이 만든 것으로 팔라미
디 성채보다는 규모는 작으나 이 성에서 보는 해변의 아름다운 모습은 너무 매혹적이라 우
리를 반하게 하다. 이 성에는 지금은 나프플리오의 최고급 호텔인 나플리아 궁전도 있고, 성
벽 밖의 언덕에는 현대식의 집들이 보이는데 아마도 유럽 부호들의 별장인 듯했다.

이 성을 구경하고 해변을 잠시 거닐고 있으니 어느새 어둠이 찾아들었다. 나프플리오를
떠나기 전에 올드타운 거리에서 저녁을 먹기로 하고 카페를 찾으니 낮과는 달리 불빛이 빛

(왼쪽) 성벽의 부조 (오른쪽) 성 위에서 보는 아르바니티아 비치(Arvanitia Beach)

나며 손님을 끌고 있었다. 한 카페에 들어가니 제법 유명한 곳인지 벽에는 많은 장식물과 사인이 붙어 있었다. 저녁을 주문하고 주위를 둘러보고 있으니 식당 주인이 그리스 전통 술을 서비스로 준다. 라키 Raki 라는 이름의 제법 도수가 있는 증류주인데 우리나라의 소주와 중국의 배갈을 섞어 놓은 것 같은 술로 맛이 괜찮았다.

저녁을 먹고 나니 제법 어둠이 깔렸다. 오늘은 유적지보다 나프플리오 해변에서 휴식을 취한 편이다. 오랜 여행에서 이렇게 편안하게 망중한을 즐기기도 해야 다음 여정을 더 알차게 보낼 수 있으리라 생각했다.

저녁 늦게 코린토스로 돌아와 숙소 주변 마트에서 맥주를 사서 아들과 호텔에서 마시면서 이런저런 이야기를 하다가 편안한 잠을 즐겼다.

올트다운 거리의 식당

올드타운 거리의 야경

신화에서 역사로

옛날 번성했던 시절에는 그리스 문명의 가장 중요한 위치에 있었지만, 지금은 사람들의 시선을 크게 끌지 못하고 기억 속에서 사라져가는 미케네와 아르고스로 간다.

미케네를 발굴한 사람은 독일의 하인리히 슐리이만이다. 그는 1873년에 트로이를 발굴한 후 다음 목표를 미케네로 정하여 1876년 미케네의 성문인 '사자의 문' 안쪽에서 수혈묘를 발견함으로써 이 지역이 전설 속의 미케네라는 것을 증명하여 역사로 끌어내었다. 호머가 '황금이 흘러넘치는 미케네'라고 표현했던 것처럼 실제로 미케네에는 온갖 황금과 보물들로 가득 차 있었다는 사실이 무덤의 부장품을 통해 확인되었다. 그리고 부장품을 통해 당시 미케네가 이집트와 서아시아와 교류했었다는 것을 알 수 있었다.

그리스 펠레폰네소스반도 아르고스만 북쪽에 위치한 '도시의 약탈자' 아가멤논 왕의 도시로 알려져 있는 미케네는 그리스 문명의 기반이 되었던 B.C. 1,600~B.C. 1,200년경 고대

미케네의 상징 - 사자의 문

그리스 문명 이전에 번영을 누렸던 미케네 문명의 중심 도시다. 미케네는 크레타 문명의 뒤를 이어 에게해를 지배했고, 서아시아와 이탈리아 각지에 식민지를 건설한 큰 왕조였다. 황금이 흘러넘쳤던 미케네는 B.C. 1,200년경에 멸망하였는데 그 원인이 무엇인지는 아직까지 밝혀지지 않고 있다.

미케네 도시는 대략 세 구역으로 나눌 수 있는데, 우선 도시 중앙에 궁전이 있으며, 그 동쪽으로 '열주의 집'이라고 불리는 건물 흔적, 궁전 서쪽으로 슐리이만이 발견한 원형 묘와 곡물 창고, 주거지구 등이 존재한다. 궁전 서쪽에는 티린스에서 본 것 같은 '키크로페스 쌓기 거석 쌓기라고도 한다.'라는 독특한 방법으로 돌을 쌓아서 만든 성벽과 그 옆쪽으로 건물들이 나란히 서 있다.

미케네 성벽에서 조금 떨어진 곳에서는 많은 무덤들이 발견되었는데, 그중에는 미케네 양식의 대표적인 무덤으로 평가받는 '아트레우스의 보물창고'도 들어 있었다. 지금 남아 있는 중요한 유적으로는 '미케네의 사자의 문', '아트레우스의 보물창고' 등을 볼 수 있으며, 발굴된 유물은 미케네고고학박물관에서 볼 수 있다. 투키디데스는 미케네를 이야기하기를 '남아 있는 건축유물만 보고 미케네를 과소평가해서는 안 된다.'고 했지만 다른 유적지와 비교하면 작다.

코린토스 숙소를 출발하여 시외버스터미널에서 미케네행 버스를 탔다. 버스는 정류소도 없이 조그마한 표지판이 하나 서 있는 길가에 우리를 내려 준다. 부슬비가 조금씩 내리는 길을 표지판에 의존하여 따라 가니 길가에는 저번에도 말했듯이 오렌지가 지천으로 심어져 있다. 그래서 길가에 떨어져 있는 오렌지를 주워 먹어 보니 우리나라 마트에서 파는 오렌지와는 다른 맛으로 기가 막히게 맛이 있다. 너무 시원한 맛이라 아들에게 먹어보라고 주니 맛있다고 탄복을 한다. 아마 자연적으로 익어 떨어진 것이기 때문이리라 생각이 들었다. 물론 아테네 시내의 가로수 오렌지는 농촌의 오렌지와는 다를 것이다. 뒤에 크레타에서 나무에 달린 오렌지를 따 먹어 보았는데 아직 신맛이 많았다. 아마 무르익어야 떨어지는 것 같았다. 오렌지를 몇 개 주워 배낭에 넣고 미케네 유적으로 향했다.

미리 말하면 미케네 버스정류장에서 유적지는 상당히 멀리 떨어져 있었다. 일찍 알았으면 택시라도 타고 올라가도 되었는데, 몰라서 아들과 나는 우리 특기를 살려서 하염없이 걸

(왼쪽) 미케네 고고학 지역 표지판과 가는 길 (오른쪽) 멀리 보이는 미케네 유적지- 우리를 안내한 개

었다. 주위의 풍경도 보고 이런저런 이야기도 하면서 걸어가는 도중에 마을에서부터 개 한 마리가 우리 앞에 서서 가는데 참으로 기이하게도 이 개가 우리를 유적지로 안내하는 것 같았다. 아들은 개를 싫어하는데 이 개는 아주 친근하게 우리와 보조를 맞추어 걸어서 아들도 꼭 길을 안내하는 개 같다고 연신 이야기했다. 길을 따라 올라가는 이 개는 우리를 미케네 유적지까지 데려다주고 유적지에서 거닐다가 사라져, 우연으로 보기에는 너무 고맙다고 아들과 이야기하였다.

  유적지 가까이 가니 왼쪽 편에 또 다른 유적이 보인다. 표지를 보니 '아트레우스의 보물창고 Treasury of Atreus'로 이름이 붙어 있지만, 실제는 무덤이라고도 한다. B.C. 14~B.C. 13세기에 건조한 것으로 추정되는데 지름 14.6m, 높이 13.2m의 거대한 궁륭형의 제실과 직사각형의 부속묘실 및 산의 사면을 깎아 만든 길이 36m, 너비 6m의 널길로 이루어져 있다. 미케네시대에 만들어진 궁륭형 분묘 가운데 가장 대규모이며 보존상태가 양호하여 원형이 완벽하게 남아 있다. 미케네의 전설적 왕 아트레우스에 연유하여 슐리이만이 이름을 지었으나 아트레우스의 묘가 아니고 아가멤논의 묘라고도 한다.

  미케네 유적지로 올라가면 주입구에 미케네의 강력함을 상징하는 웅장한 '사자의 문'이 마주한다. 성에 있는 B.C. 13세기에 건축된 많은 건물 중에서도 이 '사자의 문'은 가장 당당하게 위용을 자랑한다. 아치의 중간, 문이 되는 공간 위편에는 전령 같은 모습의 사자 두 마리가 있어 '사자의 문'이라는 이름이 여기서 생겨났다고 하는데, 3m 높이로 돌에 조각된 이

(왼쪽) 아트레우스의 보물창고 전경   (오른쪽) 사자의 문

사자들은 비록 머리가 떨어져 나갔지만 아직도 당당한 수호자의 모습으로 남아 있다. 사자의 문은 크기가 놀랄 정도인데 특히 아테네의 주요 유적들이 건설된 시대보다 800년이나 먼저 세워졌다는 사실에 감탄했다. 이 문은 돌들의 무게를 지탱하기 위해 '무게를 덜어 주는 삼각형' 상인방 돌에 걸리는 돌의 무게를 덜어 주기 위해 상인방 돌 위에 삼각형 공간을 만들어 그 양변에 무게가 나눠 실리도록 한 구조 꼴로 지어졌다고 한다. 이 문의 사자상 밑의 돌 무게가 20톤이나 된다고 하는 데 그 시대에 어떻게 들어 올렸는지가 의문이다.

그래서 이 거대한 문을 보고 후세의 그리스인들은 미케네의 성벽을 엄청난 덩치를 한 신화 속의 외눈박이 거인의 도움으로 지었다 하여 '키크로페스의 벽'이라 불렀다.

(위)(아래) 미케네의 유적

거의 폐허와 같은 미케네 유적을 돌아보고 밑으로 내려와 미케네의 위용을 볼 수 있는 박물관으로 갔다. 이곳에는 미케네 유적지에서 발굴된 수많은 유물을 전시해 놓았는데 특히 미케네의 황금유물들이 나의 눈을 끌었는데 그중에서도 아가메논

의 마스크가 가장 인상적이었다.

　박물관을 구경하고 나오니 내려가는 일이 난감했다. 아마 버스가 다니는 것 같은데 시간을 맞추기도 어렵고 해서 아들과 걸어서 내려가자 하고 걷고 있는데, 차가 한 대 우리에게 다가오더니 호객행위를 한다. 적당한 가격이면 타려고 요금을 물으니 아르고스까지 10유로를 요구한다. 적당한 가격이라 사실은 우리식으로 보면 굉장히 싸다 타고 내려오는데 이 기사가 여러 곳을 말하며 가자고 한다. 거절하고 아르고스로 데려다 달라고 하여 아르고스 번화가에 도착했다.

　아르고스에서 점심을 먹기로 하고 레스토랑에 들어가니 웨이터가 모두 노인들이다. 그리스 곳곳의 레스토랑에 가면 생각보다 노인들이 많이 일하고 있는 것을 볼 수가 있다. 고령화시대에 우리나라도 노인들이 이렇게 사회 곳곳에서 일을 할 수 있다면 좋겠다는 생각이

(위) 지하 저수조
(아래) 슐리이만이 발굴한 원형 묘역 (그저 여섯 개의 구멍
　　　으로 보일 뿐인데 여기에서 모두 열아홉 구의 유해
　　　가 나왔다고 한다

(위)북문의 모습
(아래) 가장 유명한 가면 - 아가메논왕의 마스크

들었다.

아르고스는 그리스 펠레폰네소스반도 북동부에 있는 아르고리스 Argolis 지방의 중심 도시로 인구 25,000명 정도의 도시다. 미케네, 티린스와 함께 미케네 문명의 중심 도시였던

아르고스는 '페르세우스의 신화'가 전해지는 도시로 한때는 스파르타와 계속 경쟁하던 막강한 나라로 티린스와 미케네도 암흑시대에는 아르고스의 신하가 되었다고 한다. 아르고스에는 멋진 아고라와 로마시대의 유적이 있으며 시 북동쪽 약 8㎞인 곳에 유명한 헤라 신역이 있는 그리스에서 가장 오래된 도시 중 하나로 고대 유적이 많은 도시다.

하지만 지금 아르고스의 유적지는 그리스의 다른 유적지에 비해 거의 폐허에 가깝다. 제대로 발굴이 되지 않아 원형을 짐작할 수 있는 곳이 거의 없다.

그냥 아르고스 시내를 걸으며 구경하다가 시외버스터미널에 도착하여 코린토스로 가는 버스를 타고 돌아와 저녁에 코린토스 시내를 거닐며 한가로이 하루를 보냈다.

(위) 아르고스 시내에서 멀리 보이는 성
(가운데) Heroon(서양의 고전건축으로 신격화된 사자에게 바친 신사 또는 예배소)
(아래) 고대극장

미케네아 헤라클레스

　고대 유적지와 운하로 유명하며 시시포스의 신화가 전하는 코린토스는 그리스 본토
와 펠레폰네소스반도를 잇는 곳에 위치하며, 고대 폴리스 및 현대도시로 구별되며 코린트
Corinth 라고도 한다. 옛날부터 이오니아해와 에게해를 잇는 해상교통의 요지였고, 시의 유
적지에서 미케네시대 전기의 도기가 발견된 것으로 보아 먼 옛날부터 번영해 온 도시임을
알 수 있다.

　코린토스는 일찍부터 그리스 제일의 도기제조의 중심지가 되어 코린트식 도기를 생산
하였다. B.C. 146년 로마가 코린토스를 철저히 파괴했는데 B.C. 44년에 재건되어 다시 번
영하였으며, 사도 바오로의 전도 여행지로도 유명하며 신약성경에도 코린토 신자들에게 보
낸 서간이 나온다. 1858년 지진으로 파괴되었는데 현재 사람들이 살고 있는 새 코린토스는
유적지가 있는 고대 코린토스시의 북동쪽 약 8km의 지점에 있으며 코린토스현의 주 도시
이다.

　코린토스에 며칠을 머물면서 주변의 여러 유적지를 탐방하고 저녁시간이나 여가의 시간

고린토스 운하

을 이용하여 코린토스 시내를 돌아보았다.

코린토스운하는 코린토스만과 에게해의 사로니코스만을 연결하는 운하이다. 네로황제 이전부터 수많은 노예를 동원하여 건설하였으나 성공하지 못하다가 결국 1883년에 6.3㎞의 길이로 건설되었다. 지금의 코린토스 시외버스정류장 가까이에 있기 때문에 다른 지역으로 가기 위해 버스정류장에 가서 버스를 기다리는 시간이 1시간만 되어도 구경할 수 있다.

이 코린토스운하는 수직으로 깎은 협곡의 높이가 장난이 아니게 높아 보이는데, 아무리 항로를 개척한다고 해도 아득한 로마시대에 이 운하를 파려고 한 생각이 놀랍다. 하지만 현대는 교통수단이 발달하여 운하가 예전과 같은 기능을 제대로 발휘하지는 못하고 있는 것 같다. 운하를 이용할 경우 펠레폰네소스반도를 돌아가는 것보다 700㎞ 정도 운항 거리가 줄어들지만, 운하의 폭이 24m, 깊이가 8m로 규모가 작기 때문에 현대의 큰 화물선이 통과하기에는 수로가 너무 좁다. 그래서 지금 운하를 이용하는 선박은 화물선보다 관광객 유치의 한 방법으로 코린토스운하를 다니는 관광 여객선이 있다고 하는데 타 보지를 못해 좀 아쉬웠다. 또 이 코린토스운하 다리에서 번지점프도 한다고 하는데 보지를 못했다.

코린토스에 몇 날을 머무는 동안 저녁이 되면 시내를 배회하며 카페와 레스토랑 등에서 식사를 하기도 하고 휴식을 취하기도 했다. 새로 조성한 시내는 계획도시로 거리가 잘 정비되어 있어 코린토스를 찾는 관광객들의 대부분이 머물기 때문에 깨끗하고 제법 번화했다. 시내의 번화가에는 주말을 맞아 가족들과 친구들 그리고 연인들도 거리를 거닐고 카페나 레스토랑에서 끼리끼리 담소를 하거나 식사를 즐기고 있었다. 시내 번화가에서 길을 따라 조금만 걸으면 해변이 나오며 바다를 볼 수 있었다.

그러나 내가 있은 몇 날은 기상 상태가 그렇게 좋지 않아 비가 내리는 날이 많아 좀 우울하게 보였지만 시기가 한 해가 저물어가는 12월이라 거리에는 크리스마스 장식과 조명으로 찬란하게 비치는 불빛이 아름다웠다.

이 코린토스 시내는 참 다양한 카페와 음식점이 늘어 서 있다. 대부분의 가게가 가격도 그렇게 비싸지는 않았지만 이곳도 현대화의 물결 때문인지 그리스 전통적인 음식을 파는 곳을 찾았으나 눈에 잘 보이지 않고 대부분이 패스트푸드 점이라는 것이 좀 아쉽게 여겨졌다.

　우리나라에도 카페가 많지만 그리스에도 카페가 즐비하다. 그리고 나이를 가리지 않고 젊은 사람도 나이든 사람도 카페에서 차를 마시며 담소를 즐긴다. 이 점이 우리와는 좀 다르게 느껴졌다. 우리는 젊은이들이 잘 가는 카페에 나이든 사람들이 잘 가지 않는 것이 일반적인 현상인데 이곳은 그런 의식이 없고 같이 어울리고 있는 모습이 따듯해 보였다.

밤의 카페 풍경

시시포스의 신화가 전하는 곳

고대 코린토스는 신 코린토스 시내에서 제법 떨어져 있다. 코린토스는 B.C. 5,000년 전부터 사람이 살기 시작해 B.C. 8세기에는 25만 정도의 인구가 머문 거대 상업 도시로 발전하여 그리스인, 로마인, 유대인, 동양인 등 여러 인종이 어울리는 국제도시로 성장했다. 그런데 오늘날도 국제도시는 향락적인 분야가 발달하듯이 이 도시는 사도 바오로의 코린토 신자들에게 보내는 서간에서 보듯이 타락한 모습을 그대로 보여주는 대표적 도시였다.

아크로코린토스로 가는 버스를 기다리는 시간이 많이 걸리고 시간도 맞지 않아 택시를 불러 타고 고대 유적지를 보기 전에 먼저 코린토스 옛 성으로 갔다. 여담으로 이야기하면 곳곳에서 시간을 아끼기 위해서 택시를 탔는데 그리스 택시비는 우리보다 매우 싸기 때문에 걱정하지 말고 택시를 이용해도 된다.

먼저 아크로코린토스로 갔다. 고대 코린토스에서 가장 중요한 건물들 중 하나인 아크로코린토스는 아크로폴리스에 위치하고 있는데 고대 그리스시대부터 고도가 높은 지역에 요새를 지어 외부로부터의 침입을 막았고 다양한 양식의 건축물을 세웠다. 입구는 산의 서쪽에 있고 문은 3개가 있는데 각각 투르크식, 프랑크식, 비잔틴 양식으로 지어졌다.

위용을 자랑하는 외부 성문 입구

비안개가 자욱한 아크로코린토스 성벽

내가 간 날은 하필 날씨가 좋지 않아 비안개가 심하게 깔렸다. 잠깐 걷히기도 했으나 너무 안개가 자욱하여 성 위에서 코린토스 일대가 전혀 보이지 않았다. 안개가 자욱한 몽환적인 분위기에서 옛 성 길을 거닐며 과거의 영광을 생각도 해 보았으나 그래도 관람을 하기에는 좋지 않았다. 아들 녀석도 일기만 좋으면 경치가 환상적일 것이라고 한탄을 하지만 일기마저 우리 마음대로 할 수는 없다. 아쉽지만 그런대로 구경을 한다.

아크로코린토스의 외성은 겉으로는 매우 아름답게 보이나 이 성은 피로 반죽하고 살로 구웠다고 하는 처절한 역사가 숨어 있다. 평소 성정이 차갑고 잔인했던 아크로코린토스의 성주였던 레온 스구로스는 프랑크족이 침입하자 항복하지 않고 자신의 애마와 성벽에서 뛰어 내렸다 한다. 레온 스구로스가 뛰어내리자 비로소 열렸다고 하는 지금의 이 문은 베네치아시대에 재건한 것이다.

아크로코린토스의 성채가 있는 곳에 원래 아포르디테의 신전이 있었다고 한다. 물론 여러 가지의 해석이 있겠지만 아포르디테는 문제가 많은 여신이었다. 현대에서는 사랑의 여신, 미의 여신이라 불리지만 옛날에는 저속한 세속성이 강조되기도 했다 한다. 이 성에 있

두 번째 방어벽

(위) 엄청난 위용을 자랑하는 아크로코린토스 성문
(아래) 세 번째 방어벽

는 아프로디테의 성역에는 1,000여 명이나 되는 히에로두로이라 부르는 신역 직속의 창부
가 있었다고 한다. 그래서 이곳은 타락의 도시로 유명했던 코린토스의 한 단면을 보여주었
다. 그러니 코린토 신자들에게 보내는 서간을 쓴 사도 바오로의 눈에는 온갖 음행이 자행되
는 도시로 보였을 것이다. 하지만 이들에 대한 평은 다음과 같은 말로 대치한다.

"이 도시가 사람으로 붐비고 부유해진 것은 그 여인들 덕분이었다."
- 스트라보, 코린토스의 성스러운 매춘부들에 대하여

아프로디테의 여사제들이 춤과 노래로 사내들을 유혹하여 웃음을 팔던 곳이 지금은 폐
허뿐이다.

안개가 너무 끼여 지척을 분간하기도 어려워 아크로코린토스는 아쉽지만 내려가기로 하고 내려오니 몇 명의 서양 젊은이들이 성 위로 계속 올라가면서 위에 무엇이 있는지를 묻는다. 우리도 더 이상 올라가지 않았다고 아들이 답하니 그들은 올라가 보겠다고 간다. 젊음이 좋은 것이다. 아쉽지만 아크로코린토스를 뒤로 하고 고대 코린토스 유적지로 내려갔다.

고대 코린토스 유적지

코린토스는 옛날부터 아테네, 스파르타와 함께 그리스 3대 도시국가로 꼽힐 만큼 번창했던 도시지만 아쉽게도 지금 남아 있는 유적만으로는 상상하기가 어렵다. 오랜 세월을 거치면서 도시의 대부분이 파괴되었고, 현재 남아 있는 유적은 대부분이 율리우스 카이사르 시절인 B.C. 44년에 재건한 도시의 흔적이다. 오랜 명성에 비해 유적의 규모는 작지만 남아 있는 유적을 통해 상상의 날개를 펼쳐보는 것도 재미있다.

유적 중 가장 눈을 끄는 것은 아폴론신전으로, 이 아폴론신전은 올림피아의 헤라신전 다음으로 오래된 것이라고 한다. 아폴론신전은 돌을 잘라서 쌓은 것이 아니라 하나의 돌을 이용해 기둥을 세웠다고 하는데 그 돌의 크기가 상상 이상이다. 그 시절에 어떻게 이런 석조물을 만들었는지, 유적지를 돌아볼 때마다 가지는 의문이다. 코린토스의 유일한 그리스 유적인 아폴론신전은 세울 때 자연과의 조화를 중시하여 지었다고 한다. 이 신전은 이 도시의 황금기였던 B.C. 6세기 무렵에 처음 지어졌다가 B.C. 1세기 무렵에 로마인들에 의해 재건되었다고 한다. 38개의 기둥이 있었다고 하는데 지금은 7개의 기둥만 남아 있다. 아폴론신전 유적의 바깥쪽에는 오데온과 극장의 자취만 남아 옛 영화를 보여주고 있다.

아폴론신전

코린토스의 고대유적지는 저지대에 구 코린토스 아크로코린토스를 배경으로 코린토스 만을 마당으로 삼은 중심에 위치하고 있다. 유적은 아폴론신전을 제외하고는 제대로 된 모습을 띠고 있는 것이 거의 없고 아폴론신전만이 웅장한 위엄을 드러내고 있다. 그리스를 돌아다니며 느낀 것은 거의 대부분의 유적지를 폐허 상태로 그냥 두고 있다는 것이다. 곳곳에 너무 많은 유적이 있어서인지? 아니면 유적을 보존할 경제적인 뒷받침이 안 되는 것인지는 모르겠으나, 이 유적을 관광자원으로 살아가고 있는 많은 사람들을 보면 유적을 잘 보존하였으면 하는 생각이 들기도 하였다. 아니 어쩌면 그대로 두는 것이 더 잘 보존하는 것인지도 모르겠다. 어설프게 복원한다고 하면서 옛날의 원형을 무시하고 현대적으로 만드는 것보다는 폐허 그대로가 우리 눈을 더 자극하며 상상을 더할지도 모른다.

이 유적지에 있는 글라우케 샘과 피레네 샘에는 전설이 있다.

글라우케는 코린토스 왕국의 왕 크레온의 딸로 크레우사라는 별칭을 갖고 있었다. 이아손과 메데이아와 글라우케 사이에서 전설은 만들어졌다. 이 이야기에 대해 간단히 설명하면, 메데이아가 자기를 버린 이아손에 대한 복수를 감행하기로 결심하고 크레온 왕과 글라우케 공주 그리고 남편 이아손을 죽일 계획으로 글라우케에게 결혼 축하선물로 독이 묻은 웨딩드레스를 보낸다. 아무것도 모르는 글라우케는 신랑의 전처인 메데이아가 보낸 웨딩드레스를 입는 순간, 글라우케는 옷에 묻은 독이 몸에 퍼지면서 온몸에 불이 붙는다.

결국 글라우케는 불길에 싸여 고통 속에서 샘이 되게 해 달라고 청하고 이를 불쌍히 여긴 신들이 푸른 샘으로 만들었다 한다. 또 코린토스 지역에 내려오는 다른 전설에 의하면, 글라우케는 연기를 견디다 못해 우물에 몸을 던졌다고 한다. 이후로 그 우물은 글라우케 샘이라고 불린다고 한다. 글라우케는 그리스 말로 푸른 물빛을 가리키는 단어이다. 신화나 전설은 한 사람만 거치면 이야기가 달라진다. 우리는 그저 그런 신화가 바탕이 되었다고 생각하면 된다.

피레네에게는 사랑하는 아들이 있었는데 어느 날 잘못 날아온 원반에 그 아들이 목숨을 잃게 되었다. 자식을 잃은 피레네는 밤낮 눈물로 세월을 보냈다. 눈물이 몸을 녹여 마르지 않는 샘으로 변하게 되었는데 그곳을 '피레네 샘'이라고 이름을 붙였다고 한다.

그런데 또 다른 기록에는 피레네 샘이 아크로코린토스에 있다고도 하는데 같은 샘인지 다른 샘인지 모르겠다. 어찌 되었던 두 샘은 슬픈 이야기를 배경으로 하고 있다.

(위) 글라우케 샘
(아래) 피레네 샘

고대 코린토스 유적지에서 저 멀리 보이는 높고 가파른 산이 시시포스의 신화가 서려 있는 산으로, 아직도 시시포스는 바위를 산 정상으로 밀어 올리고 있다고 한다. 이 신화의 산을 보면서 우리 인생 자체가 모두 부조리한 것이 아닌가 하고 잠시 의문에 잠긴다.

간단히 이 신화를 말하면, 시시포스는 그리스 신화에 나오는 코린토스의 왕으로 교활하고 못된 지혜가 많기로

유명했다. 시시포스는 제우스의 분노를 사서 저승에 가게 되자 저승의 신 하데스를 속이고 장수를 누렸다. 하지만 시시포스의 속임수와 약은 행실은 나중에 저승에서 커다란 벌로 돌아왔다. 저승에서 시시포스가 받은 벌은 무거운 바위를 산 위로 밀어 올리는 것이었다. 그러나 그가 힘겹게 정상까지 밀어 올리면 바위는 다시 아래로 굴러 내렸기 때문에 시시포스는 영원히 똑같은 일을 반복해야 했다.

프랑스의 실존주의 철학자 알베르트 카뮈는 수필집『시시포스의 신화』에서 이와 같은 시시포스의 노역을 인간이 처한 실존적 부조리를 상징하는 상황으로 묘사하였다.

유적지를 돌아보면 사도 바오로가 전도했다는 유적인 십자가가 선명하게 보이는 석조물도 보인다.

산꼭대기 아프로디테신전에는 제관 무녀의 여자들이 천 명이 넘게 있었고, 그들 중에는

산 밑의 사내들과 불륜을 밥 먹듯이 저
지르고 그것도 애비와 아들을 같이 끼
고 노는 무녀도 있었다고 한다. 에페소
에서 그런 소식을 접한 사도 바오로가
코린토스 사람을 향해 쓴 서간이 코린
토 서다. 신약성경에 많은 글을 남겼으
며 성 베드로와 더불어 가장 유명한 초
기 기독교 전도자였던 사도 바오로는

시시포스의 신화가 서려있는 산

서기 51년 처음으로 코린토스를 방문했다. 그는 6년 후 도시를 다시 찾았고, 두 편의 서간을
썼다. 바로 '코린토 전서'와 '코린토 후서'라고 일컫는 것으로 신약성경에 포함되어 있다. 그
렇기 때문에 많은 기독교 신자들이 성지 순례로 찾는 곳이 코린토스다.

코린토스 유적지 한쪽에 코린토스박물관이 있다. 이곳에서 출토된 유물들을 보관하고

십자가가 선명하게 보이는 사도 바오로가 전도했다는 유적

있는 코린토스고고학박물관은 아담한 시골 도서관처럼 보이지만 규모와 내용 면에서 상당한 수준이다. 건축가 스튜어트 톰슨 W. Stuart Thompson 이 1932년 완공한 것으로 전시실과 대형 뜰로 구성돼 있다. 외부 주랑과 뜰에는 대리석 조각상들이 줄지어 서 있고, 코린토스에서 발굴된 조각, 도자기, 선사시대의 유물들은 두 개의 주 전시관에 진열되어 있다. 대표적인 소장품으로는 아우구스투스 Augustus 황제의 아들로 추정하는 '젊은이의 대리석 상', '디오니소스의 머리가 장식된 모자이크', '비잔틴 꽃병' 등이 있다.

　비바람에 훼손되는 것을 염려할 수도 있을 것인데 그리스에는 조각상들이 외부에 전시되어 있는 것을 자주 보았다. 아마 이 정도는 너무 많아서 그럴까? 그런데 이 박물관의 대리석 조각은 대개 로마시대의 복제품이라 아쉽다. 그리고 그리스를 여행하면서 보는 조각상들은 거의 대부분이 왜 머리가 잘려 있을까?

　여러 전시물 중에서 눈길이 가는 것이 술의 신이며 제우스의 아들 디오니소스를 위한 모자이크다. 원근법에 따른 입체적 느낌이 드는데 네 장의 꽃잎을 펼쳐놓은 듯 섬세하게 만들

아포르디테라고 짐작하는 대리석상

(위) 옥외의 조각상
(아래) 도자기

었다. 바닥에 깔렸던 것을 벽에 걸어 놓은 것이란다. 중앙의 인물도는 디오니소스의 얼굴이라 한다.

코린토스 유적을 구경하고 나오니 또 비가 오기 시작한다. 유적지 주변에 자리 잡고 있는 마을은 조그마한 마을이지만 아름다운 마을로 각종 기념품 가게와 카페 레스토랑이 있다. 내가 간 때는 계절적으로 비수기라 번잡하지 않고 가게들도 대부분이 문을 닫고 있었다. 그리스의 고대 문명 유적지 마을은 대개 아름답다. 아주 오래 전부터 도시가 만들어졌으니 그 자연의 아름다움은 말할 것도 없을 것이지만 지금도 마을의 꾸밈 자체가 예쁘다.

(위) 도자기
(아래) 디오니소스를 위한 모이자크

비가 오는데 길을 물어 버스를 타고 신 코린토스로 돌아왔다.

이제 그리스 본토의 여행은 아쉽지만 여기서 끝을 내고 크레타로 가기로 하고 잠시 휴식을 한다.

크레타에는 공항이 있어 비행기를 이용할 수도 있지만 우리는 여행을 즐기기 위해 배를 타고 지중해를 건너기로 계획하여 아들이 미리 배편을 예약해 놓았다. 그러면서 크레타를 떠날 때는 비행기를 타자고 한다. 기특하게 아들은 이런 면에서 나를 감탄하게 하기에 나는 아들 의견대로 따를 뿐이다.

코린토스에서 기차를 타고 아테네로 가는데 코린토스에서 출발하는 기차는 아주 쾌적하게 시설이 잘 갖추어진 새 역에서 정시에 출발하여 우리를 아테네역에 내려 준다. 아마도 아테네에서 코린토스는 기차를 이용하는 것이 편리한 듯하였다. 아테네역에 도착해서 지하철을 이용하여 피레우스항구로 가니 항구가 장난이 아니게 크고, 특히 여객선이 많아 자기가 가는 섬의 여객선을 찾기가 쉽지 않다. 항구를 계속 걸어가니 곳곳에 배표를 파는 창구가 있어 우리가 가진 표를 보여주니 타는 곳을 가르쳐 준다. 나중에 알았지만 이곳이 너무 넓어서 운행하는 서틀 버스가 있었다.

크레타로 가는 배를 찾아 승선을 하고 내부를 구경하니 여객선의 크기가 우리나라 연안을 다니는 여객선과는 비교가 되

크레타로 가는 여객선

지 않게 매우 크고 호화로워 8층이
나 되는 배에는 크루즈와 같이 온갖
시설이 다 갖추어져 있다. 객실 탑
승권을 가지지 않은 사람들은 선박
내 아무 곳에서나 잠을 자기에, 좋
은 곳을 선점하기 위해서 빨리 뛰어
가며 경쟁이다. 그러나 우리는 객실
을 신청했기에 그런 걱정은 없이 한
가롭게 객실에 가니 웬만한 호텔과
같다. 크레타의 이라클리온항구까
지는 약 10시간 걸리기 때문에 밤에
출발하여 새벽에 도착하는 운행시
간은 우리나라 부산에서 배로 제주
도로 가는 여정을 생각하면 비슷하
지만 여객선은 우리나라 여객선과
비교 자체가 불가능하다. 우리도 이
런 여객선을 가질 수 없는지…….

크레타로 가는 여객선

　아마 지중해라는 큰 바다의 많은 섬들에 전 세계의 관광객들이 많이 찾아오기 때문에 이런 큰 여객선이 운행되리라 생각했다. 배를 타니 배에는 그리스인들뿐만 아니라 여러 나라의 관광객들로 가득했다.

　항구를 찾아와서 배를 타느라 저녁을 먹지 않아서 저녁을 먹으려고 식당으로 갔다. 식사 도중에 바이올린 협주를 해주는 제법 고급스런 곳으로 처음에는 손님이 없이 한가했는데 조금 있으니 제법 많은 손님들이 들어온다. 나오면서 밖을 보니 일종의 대중음식점 같이 보이는 저가의 식당도 보였다. 저녁을 먹고 배 위에서 항구의 야경을 조금 구경하고 있으니 배가 출항을 한다.

　바깥에서 잠시 거닐다가 선실로 돌아와 잠이 들었는데, 조금 소란스러운 느낌이 들어 잠을 깨어 바깥을 보니 벌써 도착할 때가 다 되어간다. 아마 조금 피곤했는지 나는 잠이 깊이

들어 잘 잤는데 아들은 배가 조금 출렁거려 잠을 잘 자지 못했다고 한다. 나는 조금도 느끼지 못했는데 아들은 민감하게 느꼈다고 한다. 드디어 크레타의 대표적인 항구 이라클리온 혹은 헤라클리온 에 도착하여 하선을 준비하고 배에서 내리니 비가 오고 있다.

크레타 Κρήτη, Crete 는 에게해 남단에 있는 약 8,300㎢ 크기의 그리스에서는 가장 큰 섬으로 신들의 아버지인 제우스의 고향이자 유럽 문명의 발상지다. 현재도 크레타는 그리스에서 문화적 · 경제적으로 중요한 지역이지만 고대사에서도 크레타는 중요한 요충지로 에게 문명의 중심지로서 청동기시대에 번성하였다.

크레타 섬에 최초로 사람이 산 것은 신석기시대로 거슬러 올라가는데, 고대 크노소스는 신석기 나중에는 미노아 문명 유적지의 한 곳이다. 크레타는 유럽에서 가장 오래된 문명인 미노아 문명의 중심으로 초기 크레타의 역사는 미노스왕, 테세우스, 다이달로스와 이카로스 같은 전설이 전해지고 있으며, 호머 같은 시인들의 입으로 전해졌다. 크레타에는 미노아시대부터 근대까지 다양한 유적이 있어 현재는 관광지로 유명하다.

크레타는 고대부터 지중해의 교통 중심지였기에 많은 전쟁을 겪어왔으며, 2차 세계대전까지 전화에 휩쓸렸다. 기후는 주로 지중해성 기후 지역에 속하여 무척 온화하나 공기는 상당히 습하고, 바다의 영향을 많이 받아 겨울에도 꽤 따뜻하여 지금은 그리스에서 휴가지로 인기가 높다.

현재의 수도는 북안의 이라클리온 Iraklion, Herakleion, 옛이름은 칸디아 Candia 으로 이 시에는 이라클리온고고학박물관이 있어서 크레타 유적의 진수를 전시하여 보여준다.

베네치안 로지아

먼저 항구에서 가까운 곳에 있는 베네치안 로지아는 크레타에서 가장 아름다운 베네치아 양식의 건축물로 1626년에서 1628년에 걸쳐 베네치아 총독 프란시스코 모로시니가 지었다는데 예전에는 이 앞까지 바닷물이 들어왔다고 한다. 그런데 특이하게 유적을 밑받침으로 하여 현대식 건물이 위에 들어서 있다.

항구에서 바로 옆을 보면 성 같은 것이 해안에 보인다. 안내 표시판을 보니 베네치아 성인 쿨레스 요새다. 바다를 접하면서 외부의 침입을 막기 위해서 2층으로 쌓은 성으로 규모는 상당히 크고 외부에서 보는 성의 조형미가 아름답다. 성에 올라가 바라보는 바다는 망망대해로, 바로 바다를 접하고 지은 요새는 천연의 위치에 인공을 더하여 항구를 보호하고 있었다. 내가 간 날은 비가 오고 바람이 불어 성벽을 때리는 파도가 힘차게 부딪쳐 천연적인 요새의 진가를 보여주었다.

(위) 쿨레스 요새 (아래) 성 티토스교회

쿨레스 요새부터 부두까지는 이라클리온의 놓치지 말아야 할 산책길이다.

먼저 이라클리온에서 가장 오래된 교회인 성 티토스 교회로 간다.

성경에는 티토로 적혀 있는 티토스는 기적의 성인으로 크레타의 수호성인으로 알려져 있다. 바오로가 선교 여행을 하면서 생활수준이 낮았던 크레타 섬을 들르게 되어 기독교의 교회를 건설하고 또 조직하고 티토스를 크레타에 남겨 크레타 섬을 기독교 사회로 만들도록 하였다. 신약성경 속 티토스에게 보낸 바오로의 편지에 '그대를 크레타에 남겨 둔 까닭은, 내가 그대에게 지시한 대로 남은 일들을 정리하고 고을마다 원로들을 임명하라는 것이었습니다.' 티토에게 보낸 서간, 1:5. 한국천주교주교회의 성경 라고 쓰여 있다.

바오로는 크레타인들을 거짓말쟁이, 고약한 짐승, 게으른 먹보라고 하면서 티토스에게 그들을 가르치라고 했다. 그가 잘못을 바로잡아서일까? 티토스의 성인 찬양송은 '십자가를

이라클리온시 청사

지고 그리스도를 따르므로 하느님의 모습이 온전히 보존한 행적으로, 사라질 육신보다 영원한 영성에 대해 가르쳤도다. 거룩한 티토스여, 천사들과 함께 기뻐하나이다.'이다. 그래서 기적성인인가보다. 8월 25일 거리에 있는 교회 주변에는 카페와 바 및 레스토랑이 즐비하게 둘러싸고 있다.

길을 따라 걸어 올라가니 매우 우아하고 아름다운 모습을 가진 건물이 나타난다. 처음에는 무슨 박물관인가 하고 생각했는데 알고 보니 시청사로 옛날의 건물을 그대로 현재 시청사로 사용하고 있었다. 물론 내부는 개조하였지만…….

이 건물은 1628년 프란시스코 모로시니 Francesco Morosini 에 의해 건립되었고, 베네치안 건물 중 가장 아름답다고 말해지고 있다. 건립된 당시에는 일종의 클럽의 기능으로 상류층 귀족들이 모여 토론과 담소를 즐기던 장소였다고 하며, 현재의 건물은 1962년에 복원된 것으로 원형을 아주 잘 살렸다고 한다.

이 거리를 따라 계속 걸어가니 이 아름다운 거리의 이름은 특이하게 '8월 25일 거리'다. 무엇인가 이날을 기념하기 위해서 붙인 것이리라.

크레타가 터키의 지배하에 있을 때 1889년에 터키 관리가 살해되는 사건이 발생했다.

베니젤로스광장의 사자분수(모노시니 분수)

터키 당국은 살해사건을 빌미로 크레타 사람들을 학살했는데, 크레타 사람들이 터키인에게 학살당한 그날의 비극을 잊지 않고자 명명한 것이 '8월 25일 거리'로 그리스인 학살의 아픈 역사를 잊어버리지 않도록 붙여졌다.

거리를 따라 올라가면 이라클리온의 랜드마크인 광장이 나온다. 이 광장의 정식명칭은 엘레프테리오스 베니젤로스 광장으로 광장의 사자 분수는 베네치아 인들이 남긴 유물로 도시 전체의 물을 공급하는 중요한 시설이었다. 안내판을 보면 1629년에 지금의 시청사를 건립한 모노시니가 만들었다 한다.

거리를 돌아다니며 구경하다가 아침을 좀 부실하게 먹어 시장기가 들어 점심을 먹자하니 아들이 자기가 찾아본 곳이 있다고 그곳에 가자고 한다. 저번에도 이야기했지만 아들은 여행에서 먹는 것을 중시하는 타입이라, 항상 그 지역의 전통 음식을 먹어야 하고 제법 이름 있는 레스토랑을 조사해서 나를 데리고 간다. 나는 아들을 따라 가서 맛있게 먹고 계산만 하면 된다. 나이가 든 아버지를 데리고 다니는 아들에게 할 수 있는 나의 최소한의 행동이다. 식당을 가니 아직 시간이 안 되었다고 자리에 앉아만 있으라고 하면서 주문을 받지 않는다. 이런 점에서 이들은 아주 철저하게 시간을 지킨다. 문을 여는 시간이 되자 메뉴판을 가지고 와서 주문을 받는다.

점심을 맛있게 먹고 잠시 휴식을 한 후에 드디어 이라클리온고고학박물관으로 향한다. 우리가 여행하는 각 지역에서 가장 중점을 두는 곳이 바로 그 지역의 박물관으로 그 지역에서 출토된 유물을 구경할 수 있기 때문이다.

이라클리온고고학박물관은 크레타에서 가장 큰 고고학박물관으로 크노소스와 크레타 각 지에서 발굴된 신석기시대부터의 많은 유물을 전시하고 있다.

우리가 크레타를 가면 먼저 크노소스를 떠올리지만, 많은 사람이 크노소스에서 만족하지 못할 것이다. 그 많은 유물이 어디에 있는가? 크노소스에서 부족했던 많은 것을 채워줄 곳이 바로 이라클리온고고학박물관으로 크노소스 궁전에서 발굴된 유물이 전시되어 있는 곳이다. 이곳에선 크노소스 궁전을 장식했던 프레스코화들의 원본도 만날 수 있을 뿐만 아니라 파이스토스 원반을 비롯한 뱀 여신상, 황금 뿔을 가진 황소 머리상 등 중요하게 보아야 할 유물이 많이 있다. 또 다양한 그릇과 잔, 무기, 금으로 된 각종 장신구, 화려한 색깔의 벽화 등을 보는 것만으로 크레타 섬이 왜 유럽 문명의 발상지인지 가늠하기에 충분했다. 특히 뿔 모양의 술잔, 물고기와 문어 등이 그려진 도자기 등등은 섬세하고 화려한 크레타 문명의 진수를 보여주고 있다.

그중 파이스토스 원반 Phaistos Disc 은 크레타의 파이스토스에 있는 미노아문명의 궁전에서 발굴된 구운 점토원반으로, 제작 연대는 B.C. 2,000년 무렵 청동기시대로 추측한다. 크기는 직경 약 15㎝인데 그 원반의 양면이 모두 나선형으로 찍힌 기호들로 뒤덮여 있다. 이

기호들의 목적과 의미, 심지어 무엇을 위해 어디서 만들어졌는지 정확한 위치조차 불확실하여, 현존하는 고고학 최대의 미스터리 중 하나로 알려져 있다.

이 박물관에서 미노아 문명의 진수라 할 수 있는 유물들을 구경하고, 또

파이스토스 원반 - 아직 해석이 불가능

(왼쪽 위에서 부터)
* 뱀여신 상
* 프레스코화
* 프레스코화

(오른쪽 위에서 부터)
* 황금 뿔을 가진 검은 황소 머리상
* 특별히 'The Ring of Minos'라는 명칭이
  붙어 있는 금 장신구
* 각종 도기
* 꿀벌 팬던트

이라클리온 시내를 정처도 없이 거닐며 니코스 카잔자키스의 무덤을 찾아가는 길에 마주치는 성벽이 있다. 바로 베네치아인이 크레타를 지배한 뒤에 남긴 여러 건축물 가운데 가장 큰 규모의 건축물인 베네치아 성벽으로. 지금도 그 성벽 아래로 차들이 다닐 수 있는 큰 도로가 만들어져 있는 거대한 성벽이다. 이 섬에 이렇게 큰 성벽을 건립해야만 하는 이유가 무엇일까? 그만큼 이 섬이 중요한 곳이었을까? 하는 의문이 든다.

이 성벽을 돌아 올라가면 우리에게 너무나 잘 알려진 『희랍인 조르바』의 작가 니코스 카잔자키스의 무덤이 나온다. 그는 그리스의 시인이며 소설가며 극작가로 역사상 위인을 주제로 한 비극을 많이 발표하였는데, 그리스 난민의 고통을 묘사한 『다시 십자가에 못 박히는 그리스도』로 세계적인 명성을 얻었다. 대표작으로 『희랍인 조르바』, 『오디세이아』 등이 있다.

그의 묘는 명성에 비해서는 소박하다. 평범한 돌과 나무 십자가 아래에 묘가 있다. 그의 소박한 묘비에는 '나는 아무것도 바라지 않는다. 나는 아무것도 두려워하지 않는다. 나는 자유다.'라고 적혀 있다. 장편 소설 『희랍인 조르바』로 유명한 니코스 카잔자키스가 남긴 이 명언이야말로, 크레타의 모든 것을 관통하고 있다고 하는 의견이 많다. 유럽 최초의 고등 문명인 미노아 문명이 탄생한 곳이자, 제우스가 태어나 어린 시절을 보낸 섬. 자유를 외친 카잔자키스와 독창적인 화풍으로 르네상스를 이은 천재화가 엘 그레코의 고향으로 수많은 사람들은 여전히 크레타 섬에서 살아 숨 쉬고 있다. 단, 하루만이라도 자유를 만끽하고 싶다면,

니코스 카잔자키스의 무덤

아내 엘리니 카잔자키스의 무덤

답답한 현실을 벗어나 제대로 숨 쉬고 싶다면 니코스 카잔자키스가 자유를 말한 크레타에서 살아봄 직하다.

아들과 니코스 카잔자키스의 묘에서 휴식을 취하면서 이런저런 이야기를 한다. 『희랍인 조르바』를 비롯해서 여러 문학 작품을 이야기하며 카잔자키스에 대해서도 아는 대로 이야기한다. 이 크레타가 카잔자키스의 사상에 얼마나 큰 영향을 끼쳤는가? 하는 의문도 가지면서…….

휴식을 잠시한 후 묘를 내려와 찾아간 곳은 성 미나스 성당이다. 성 미나스 성당 Cathedral of Saint Minas 은 크레타는 물론 그리스 전체에서도 알아주는 그리스 정교회 교회로 1862년에 건립하기 시작해서 무려 30년이 걸려서 1895년에 완공되었다고 한다.

이곳에서 가장 규모가 크다는 미나스 대성당은 장엄하게 보이는 외부뿐 아니라 내부는 더 화려하고 아름답게 꾸며져 있으며 찬란한 샹들리에가 눈길을 사로잡았고, 돔 천장은 크레타의 오랜 전통을 가진 이콘 icon 이라 불리는 성화로 장식되어 있다. 이라클리온의 수호성자인 성 미나스를 기리는 교회로 아름다운 돔 양식의 십자가상 구조가 특징이며 약 8,000명이 한자리에 모여 기도를 할 수 있는 규모를 자랑한다.

성 미나스 성당

미나스 성당을 뒤로 하고 해변으로 내려오니 해변 산책로이다. 아침에는 바람이 불고 비가 와서 파도가 제법 있었는데 지금은 조금 조용해졌다. 이 산책로를 걸으면서 아들과 여러 이야기를 한다. 아들은 젊기 때문이겠지만 온갖 방면에 관심이 많고 다양한 방면에 많은 지식을 가지고 있다. 특히 역사에 대해서는 해박한 지식을 자랑하며 자기 나름대로의 생각을 가지고 있다. 아버지라고 이것저것을 물으면서 아버지의 생각을 묻는데, 내가 제대로 답을 하지 못하는 경우가 많아 얼버무려 버리는 경우에도 아들은 아버지를 생각해서 내색을 하지 않고 항상 이야기를 걸어온다. 이 점이 무엇보다 고맙다. 나이 차이가 많다고 내 의견을 무시하거나 자기 의견만을 내세우지 않는다.

이라클리온 시내는 좁기 때문에 천천히 걸어 다녀도 하루만 하면 제대로 된 구경을 할 수 있다. 호텔에 들어가 잠시 쉬다가 밤의 이라클리온을 구경하러 나갔다. 오늘 하루도 이라클리온 시내를 정처 없이 걸으면서 구경을 했다.

다시 말하지만 내 여행의 방법은 걷는 것이다. 여행에서 차를 타고 지나가면 제대로 무엇인가를 보기가 어렵다. 그러나 걸으면 우리 눈에는 많은 것이 보이며 특히 사람들이 살아가는 모습을 생생하게 볼 수 있다는 장점이 있다.

유럽의 가장 오래된 도시 크노소스

크레타는 유럽에서 문명이 가장 먼저 꽃핀 곳이며 고대 그리스 문명의 모태가 된 곳으로 수많은 신화가 전해지는 땅이다.

고대에 가장 발달되었던 이집트문명이 유럽으로 전파되는 도중에 지중해를 건너면서 처음 도달한 곳이 아마 크레타일 것이다. 그리고 크레타에서 펠레폰네소스반도로 상륙하여 미케네 문명을 만들고 다시 이 미케네에서 아테네로 문명이 이동했으리라는 것이 대개의 의견인 듯하다.

이 유럽 문명의 기초가 되는 크레타 문명의 중심은 바로 미노아 문명이며, 신화의 궁전 크노소스는 미노아 문명의 상징이다. 우리가 잘 아는 라비린토스 미궁 , 미노타우로스, 테세우스, 다이달로스, 이카로스 등 수 많은 신화가 모두 여기가 배경이다.

크노소스 전경

크노소스 궁전은 그리스 신화에서 미노스 왕이 아내가 낳은 반은 인간, 반은 황소였던 미노타우로스를 가두기 위해 지은 궁전이라 한다. 섬의 북쪽 해안 현재의 이라클리온시 남쪽 약 6㎞ 지점 구릉 위에 있는 크노소스에 있던 고대 왕국의 궁전으로, 동서 170m 남북 180m 규모로 장방형 구조를 이루고 있다. 가로 60m 세로 29m 정도의 직사각형의 중앙광장을 사이에 두고 동쪽으로 왕과 그 가족을 위한 거주구와 공방, 서쪽으로 제례와 정치를 위한 공실, 창고 등 약 1,200내지 1,400개의 작은 방이 미로와 같이 촘촘하게 들어서 있었다. 심한 붕괴로 상부구조는 분명치 않으나 2층 또는 3층 부분이 있었던 것은 확실하며, 일종의 수세식 변소, 도관 陶管 을 이용한 하수도 등도 발굴되었다.

크노소스의 한 가지 특징은 다른 고대 도시들이 대개 신전 중심의 도시라면 크노소스는 왕궁 중심의 도시라서 신에 관한 장식은 찾아보기 힘들다는 것이다. 그래서 내부의 벽이나 천장의 대부분은 궁정풍속, 동물, 식물, 새, 물고기 등을 그린 회화로 장식되어 있다. 지금 현재 궁정의 프레스코는 다 복제품으로. 진품은 이라클리온 고고학 박물관에 있다.

크노소스는 고대의 왕궁건축 중 가장 규모가 큰 궁전 중의 하나이며, 또한 그 복잡한 설계로 옛날부터 '라비린토스 미궁'로서 유명하였다. 그리스의 영웅 테세우스가 이 미궁 깊숙이 살고 있는 미노타우로스를 퇴치하고, 왕녀 아리아드네와 함께 섬을 탈출하는 이야기는 잘 알려졌다.

우리에게 잘 알려진 테세우스의 신화 중 미궁에 대한 부분만을 소개하면, 미노타우로스를 퇴치하기로 결심하여 스스로 제물이 되겠다고 자원한 테세우스는 무기를 갖고 들어갈 수 없었지만 맨손으로도 충분히 괴물을 쓰러뜨릴 자신이 있었다. 하지만 그 후의 탈출 방법이 문제였다. 일단 라비린토스 미궁 에 들어간 사람은 설령 미노타우로스를 죽인다고 해도 복잡하게 얽힌 미로를 헤매다가 두 번 다시 빠져나올 수 없게 되는 것이다.

그런데 사랑은 모든 것을 뛰어 넘는 것이다. 테세우스에게 한눈에 반한 미노스 왕의 딸 아리아드네가 미궁에서 탈출하는 방법으로 실 뭉치를 주면서 실 끝을 입구에 묶은 다음 미궁으로 들어가서 그 실을 따라 나오라고 한다. 아리아드네의 말을 따른 테세우스는 미노타우로스를 맨손으로 때려죽이고 실을 따라 무사히 미궁을 탈출했다. 약 1,400개의 방이 있었다니 오죽하였겠나 생각이 든다.

20세기가 되기 전까지만 해도 크레타 문명은 트로이와 같이 신화 속에나 존재하는 이야기였다. 하지만 트로이의 슐리이만과 같이 미노스 왕의 전설을 믿고 크레타 문명을 찾아 나선 사람이 바로 영국의 고고학자 아서 에반스 Authur Evans. 1851~1941년 였다.

그는 크레타 문명의 존재를 믿고 입증하기 위해 크노소스 궁전이 있었을 것으로 추정되는 게파라언덕을 사들여 1900년부터 발굴을 시작했다. 발굴을 시작한 지 며칠 지나지 않아 로마와 그리스에서는 볼 수 없었던 독특한 양식의 건축물들이 차례로 발견되었다. 크레타 문명이 3,000년 동안의 기나긴 잠에서 깨어나 세상의 빛을 보게 되는 순간이었다. 에반스는 그 자신의 예상대로 크레타 문명을 발굴하는 데 성공했던 것이다.

유적은 에반스에 의하여 어느 정도 복원되었으나 그가 콘크리트 같은 자재를 사용했기 때문에 원래 그대로의 설계와 건물의 진위 여부를 가려내는 데에 어려움을 남겼고, 습기에 의해 콘크리트가 녹으면서 원형을 훼손시켰다고 현대에 비난을 받고 있지만 에반스의 공을 폄하할 수는 없다.

에반스는 그의 전 생애를 크레타 문명 연구에 바쳤는데, 그의 공헌으로 크레타 문명에 대한 연구는 커다란 진전을 이루었다. 그래서 에반스의 공을 기려 크노소스궁전 입구에는 그의 흉상이 세워져 있다.

그 뒤 크레타 섬 이곳저곳에서 크레타 유적이 속속 발견되었다.

에반스의 업적을 설명하고 있는 안내판

오늘날의 크노소스는 옛날의 궁전의 자취만 상상할 수 있을 뿐이다. 비록 복원하였다고 하지만 허물어져 있는 건물의 일부와 돌덩이들, 그리고 조금은 조잡해 보이는 프레스코화의 일부를 볼 수 있다. 하지만 여기는 크노소스다. 이것만으로도 가치가 있다.

크노소스를 찾아가는 날에 비가 제법 내렸다. 비를 맞으며 크노소스 궁전에 가니 입장객은 나와 아들뿐이다. 입구에서 입장권을 끊고 들어가니 우리나라의 문화해설사와 같은 노인들이 우리에게 말을 걸어온다. 안내문을 읽어보니 해설 비용이 제법 되고, 말도 제대로 알아들을 수 없기에 거절을 하고 들어가니 이런 사람들이 제법 있으면서 가격을 흥정을 한다. 하지만 우리는 우리 나름대로 보고 갈 예정이기 때문에 다시 거절하고 발걸음을 궁전 쪽으로 향했다.

이 궁전에는 안내도가 아주 상세하게 설명이 잘 되어 있기 때문에 이 안내도를 참고해서 그냥 구경하면 된다.

이 유적들을 구경하는데 공작새가 처량하게 비를 맞고 앉아 있다. 조금은 생뚱맞은 느낌이 들었지만 그래도 이 고대 유적을 지키고 있는 듯해서 반가웠다. 조금 뒤에 다시 보았는데 이 크노소스에는 제법 많은 공작이 있었다.

South House 건물

남쪽 프로필라이움(propylaeum)에 그려져 있는 항아리를 든 사람의 벽화

크노소스의 프로필라이움 propy-laeum 은 고대 그리스의 신전이나 성지로 들어가는 입구에 세운 문인데 이 곳의 벽화로 유럽인의 특징을 가진 크레타인의 모습을 볼 수 있었다고 한다. 크노소스는 정말 복잡하여 건물이 정확하게 지하 몇 층인지도 모르겠고 지상의 건물과 어떻게 연결이 되는지도 분간할 수가 없다.

이 궁정의 동쪽 면의 중간에 거대한 계단 Grand Staircase 이 있는데 이것을 따라 내려가면 동쪽 날개 East Wing 에 이른다. 이 동쪽 날개에는 왕과 여왕을 위한 분리된 왕가의 방들이 있다. 거기에는 훌륭한 프레스코화와 욕실, 화장실, 왕좌의 방들이 있는 거대한 방들이 있다.

동쪽 건물 – 돌진하는 황소 그림

비를 맞으며 크노소스를 이리저리 다니면 구경을 하였다. 해가 밝게 비추는 크노소스도 좋을 것이나 폐허가 되어 있는 크노소스에 비가

내리니 과거의 번창하던 모습이 다 사라지고 황폐한 유적만 남아 있는 모습에 더 잘 어울린다는 느낌을 가졌다.

이 크노소스에 있는 모든 유물들은 복제품이고 건물들의 모습은 에반스 이후에 복원된 것이다. 크노소스의 진짜 유물과 프레스코벽화 등은 이라클리온고고학박물관에서 볼 수 있다. 제 자리에 있었으면 좋겠으나 크레타를 떠나지 않았다는 것만이라도 만족해야 한다.

이렇게 번창했던 크레타는 왜 사라졌는가? 하는 의문은 지금까지도 확실하게 밝혀지지 않고 있다. 에반스는 대규모 천재지변으로 멸망했을 것이라고 주장했지만, 확실한 증거가 있는 것은 아니다. 일부 학자들은 B.C. 17세기에 일어난 산트리니 섬의 대폭발을 천재지변의 증거로 말하지만, 이 주장 역시 확실하게 증명되지는 않았다. 현재도 크노소스를 비롯한 크레타 유적에 대한 발굴과 연구는 계속되고 있으니 크레타 문명이 사라진 원인은 이런 조사들이 모두 끝나게 되면 밝혀질 수 있을지도 모른다.

(왼쪽 위) 머리 부분은 공작의 모습이고 몸통은 사자의 형상의 프레스코
(왼쪽 아래) 기름 항아리로 사용되었다고 추정
(오른쪽 위)(오른쪽 아래) 크노소스의 유적

(위)크노소스의 상징인 황소뿔 모형이 있는 주된 궁전의 모습
(아래) 식당 벽에 걸려 있는 여러 장식과 술병들

크노소스 주변에는 기념품 가게와 레스토랑이 많았으나 비수기라 대부분이 문을 열지 않았다. 아쉬운 마음이 가득했지만 버스를 타고 이라클리온으로 돌아왔다. 크노소스를 마지막으로 그리스에서의 나의 그리스 문명을 찾아다니는 여행은 끝났다.

숙소에서 쉬다가 저녁때가 되니 아들이 숙소 가까운 곳에 보아둔 곳이 있다고 가자고 한다. 자그마하지만 조용한 레스토랑에 가니 아이들을 데리고 여행을 온 일본인으로 보이는 가족이 식사를 하고 있다. 아직 아이들이 어린 것을 보아 여행에서 고생을 하는 것 같았으나 어린 시절부터 부모가 데리고 다니면서 책에서만 아니라 실제로 교육을 하는 것이 참 아름답게 보인다. 한국사회가 이제야 좀 여유가 있는 사회이지만, 우리가 젊었을 때는 여유가 없는 시절로 너무나 바쁘게 살았다. 그래도 지금 나는 아들과 함께 배낭을 메고 여행을 하니 그것만이라도 만족할 일이다.

식당은 나이가 제법 들어 보이는 부부가 운영을 하고 있었는데 식당의 벽에는 축구포스터와 유니폼이 걸려 있고, 또 각종 장식이 붙어 있는 것을 보았다.

아들이 어느 지방을 가던지 그 지방의 맥주가 있으면 꼭 한 병을 시켜 함께 맛을 보고 맥주 맛을 이야기한다. 유럽의 각 지방 맥주는 다 맛이 조금씩 달라서 조금 쓴 맛이 강한 것도 있고 보리 맛이 약간 강한 것도 있고 조금씩은 미묘하게 다르다. 유럽을 여행하면서 각 지방에서 그 지방의 맥주를 마셔 보는 것도 재미있는 일일 것이다. 식사를 마치니 후식 겸 서비스로 꿀에 절인 과일과 나프폴리오의 식당에서 주던 그리스 술 라키를 한 병 준다. 그래서

이 술도 마시고 쉬다가 숙소로 돌아 왔다.

이제 그리스여행은 이것으로 마치고 다른 그리스 문명을 찾아 터키로 가야 한다.

그리스 술 '라키'와 크레타 맥주

그리스 여행을 마치며

나의 그리스 문명 산책은 전문적인 지식이 없이, 남들이 다 가지고 가는 여행안내서도 없이, 아들이 가자는 곳을 그저 따라만 다녔다. 물론 그리스에 대한 지식이 전혀 없지는 않았지만……. 단순하게 책을 조금 읽고 옛날에 학교 다닐 때 세계사를 공부하면서 익힌 것이 대부분이지 실제로 그리스 문명이 어떠한지는 전혀 모르고 무작정 다닌 것이다.

돌아와서 이 글을 쓰면서 다시 그리스에 대해 조사도 하였고, 그리스 문명에 대해서도 책을 좀 읽어보았다. 그러면서 가지게 된 생각이, 여행을 떠나기 전에 사전 지식을 갖추고 있어야 하는지 아니면 별다른 사전 지식이 없이 내 눈에 보이는 대로 보아야 하는지를…… 나는 이점에 대해서는 별다른 사전 지식이 없이 자신의 눈에 보이는 것을 보는 것이 좋다고 생각한다. 그리고 여행을 마친 뒤에 자신이 본 것을 토대로 지식을 보완하면 더 좋을 것이라고 생각했다. 나는 자유롭게 내가 보고 싶은 것을 보고 내가 가고 싶은 곳으로 다녔다. 물론 아들 녀석이 다 계획을 세워서 아버지를 데리고 다녔지만……

그래도 다녀와서 글을 쓰면서 다른 사람들의 기록을 여러 편 보니 나보다 더 많은 것을 본 사람이 거의 없는 것 같아서 나를 행복하게 만들었다.

이 글을 쓰면서 다시 내 아들에게 고맙다는 말을 다시 한다. 젊은 아들이 나이 든 아버지를 데리고 여행을 한다는 것이 쉽지 않을 것이다. 더구나 둘이서 배낭을 메고 한 달 이상이나.

터키편

고대 문명을 즐겨 찾는 사람들은 그리스 문명을 보고 싶으면 그리스보다 터키를 가라고 말한다. 그만큼 터키에는 고대 그리스 문명의 자취가 그리스보다 많이 남아 있다. 그래서 우리는 그리스를 돌아 터키에 왔다.

하루 종일 비행기를 타고 터키의 카이세르 공항에 도착했다. 교통편이 그렇게 좋지 않아서 아침에 크레타에서 아테네로 비행을 하고 다시 이스탄불을 거쳐서 카파도키아의 카이세르 공항에 도착하니 밤 10시가 넘었다.

내가 이번 여행을 계획하면서 일정을 짜는 아들에게 내가 꼭 가야한다고 강권한 곳이 바로 이 카파도키아와 트로이다. 아들은 처음에는 이미 계획이 다 짜였다고 불평을 했으나 아버지의 요청을 수락하여 계획을 다시 수정하여 아버지를 대우해 준다. 이런 점이 내 아들이지만 참으로 고맙다.

카파도키아 지역은 실크로드 중간의 거점지로 예부터 동양과 서양을 잇는 중요한 교역로였다. 기원전 18세기에 히타이트 인들이 정착한 이후, 수많은 제국이 차례로 이곳을 점령했다. 이곳은 로마와 비잔틴시대에는 기독교인들의 망명지가 되어 초기 기독교 형성에도 중요한 역할을 했는데, 기독교가 아직 공인되지 않았던 로마시대에 탄압을 피하여 기독교인들이 이곳에 몰려와 살았기 때문이다. 지금 이곳에 남아있는 대부분의 암굴교회와 수도원들은 이 시기에 만들어진 것으로 초기 기독교의 성지로도 알려져 있는 곳이다.

그러나 8~9세기 전반에 비잔틴 제국에서 일어난 우상파괴 운동으로 인해 암굴교회의 수많은 초기 벽화들이 파괴되어 지금

카파도키아의 바위 중 가장 유명한 바위

제대로 모습이 전하는 것을 보기가 어렵고 그 흔적만 보는 것이 안타깝다. 11세기 후반에는 터키 셀주크 왕조의 지배하에 들어가게 되면서 카파도키아도 이슬람교의 영향을 받게 되었다. 그러나 이 지역에서는 분쟁이 아니라 서로 평화적으로 공존하여 모스크가 건설되는 과정에서 기독교의 건축물이 파괴되지 않아 지금까지 우리에게 남아 전한다.

카파도키아는 아주 넓기 때문에 숙소를 잘 정해야 한다.

우리는 괴레메에 숙소를 정하였으므로 공항에서 괴레메로 숙소를 찾아가니 먼저 카파도키아에 가면 꼭 해야 되는 발룬투어를 신청하라고 한다. 한 사람당 130유로라는 적지 않은 돈을 달라고 하지만 카파도키아에서 발룬을 타지 않으면 어디에서 발룬을 타겠는가? 죽기 전에 꼭 해야 하는 일이 카파도키아에서 발룬을 타는 것이라고 모든 여행안내서나 사이트에서 떠들고 있으니 얼마나 좋은가를 직접 타 보아야 한다. 아들은 처음에는 자기는 고소공포증이 좀 있어서 타지 않겠다고 했으나 아버지가 여기에서 발룬을 타지 않는 것은 앙꼬가 없는 찐빵을 먹는 것과 같다고 강권하여 같이 타기로 했다. 뒤에 다시 말하겠지만 발룬을 타는 것은 운이 따라야 한다.

다음 날 아침 7시에 발룬을 타기 위하여 서틀버스를 타고 발룬이 뜨는 장소로 가니 대기하고 있으라고 하면서도 발룬을 띄우기 위한 작업을 하지 않는다. 한 시간쯤 지나니 오늘은 발룬을 운행하지 않는다고 한다. 감독관청이 일기가 좋지 않다고 운행허가를 하지 않는다는 것이다. 별로 바람도 불지 않는데 엄격하게 규정을 지키는 것은 안전을 무엇보다 중시하기 때문이었다. 어쩔 수 없이 숙소로 돌아오니 숙소 주인이 말하기를 최근 한 열흘 동안 발룬이 한 번도 뜨지 않았다 한다. 내일은 일기가 좋기를 다시 기약하며 아침을 먹고 괴레메 탐방에 나섰다. 여러 번 이야기하지만 아들과 나는 무작정 걷는 것을 특기로 하기에 지도와 스마트폰에 의지하여 괴레메 지역을 걷기로 하고 일정을 시작했다.

숙소를 출발하여 오늘은 자유롭게 구경을 하기로 하고 젤베야외박물관 쪽으로 방향을 정했다. 젤베야외박물관까지는 무난히 걸어서 갔다 올 수 있는 거리라 생각하고 발길이 가는 대로 가기로 했다. 우리는 차가 없고, 이곳에서 버스를 이용하기가 어려워 좀 거리가 먼

카파도피아 풍경

곳에 있는 유적지는 다음에 투어를 따라 구경하기로 하고 오늘은 그냥 걸으면서 구경하기로 한다.

도로변이나 계곡 근처를 보면 제법 눈도 쌓여 있는 풍경이 보이는 12월의 참 맑은 하늘은 우리를 상쾌하게 만들었고 또 제법 걸으면 이마에 땀이 맺히기도 하였다.

우리가 사는 지구에는 우리 상식을 벗어나 그 앞에 서면 충격으로 몸이 굳어버리는 풍경을 가진 곳이 여러 군데가 있는데. 터키 중부의 카파도키아 Cappadocia 는 그런 곳이다. 살아오는 동안 한 번도 본 적 없는 풍경 앞에 섰을 때 자연의 경이로움에 그 어떤 말도 나오지 않고 감탄사만 나올 뿐이었다.

차츰차츰 보이는 바위의 모습이 우리 눈을 자극한다. 기괴하게 생긴 바위들이 눈에 보이며, 이리저리 눈을 돌리며 주변을 구경하며 처음 도착한 곳이 차우쉰이라는 옛날 마을과 세례자 요한 교회로, 지금의 마을 위에 있는 옛날 사람들의 거주지는 암벽에 굴을 파고 그 안에서 살았던 흔적이 많이 남아 있었다. 이 카파도키아지역에는 큰 돌기둥이나 큰 암벽의 중간 중간에 굴을 파고 사람들이 살아왔다. 왜 그들은 넓은 평지를 두고 암벽을 파고 살았을까? 하는 의문이 생긴다. 마을을 조금 지나 교회의 표지판이 있는 곳에서 제법 언덕을 올라가면 세례자 요한 교회가 나온다. 교회라고 설명을 하였기에 교회인가 하고 구경을 하지만 별다른 특색이 있는 것은 아니다.

이곳을 구경하고 마을을 벗어나서 점심을 먹으려니 식당이 보이지 않는다. 길을 가다가 가게가 있어 음료수를 사니 식당을 겸하고 있는 것 같아서 요기를 할 수 있는가 물으니 간단한 음식은 먹을 수 있다고 한다. 주문을 하고 잠깐 기다려 식사를 하고 다시 카파도키아의 풍경을 보기 위해 제법 높은 언덕에 올라간다. 무엇인가 이름이 있었다고 생각이 나는데 이름이 기억이 나지 않은 곳이다.

이 언덕에서 보는 카파도키아의 각양각색으로 생긴 암석의 모습은 지구가 아닌 다른 행성에 우리가 착륙해 있는 매혹적인 느낌을 가지게 하였다. 오묘한 자연의 섭리를 우리 인간이 어찌 알 수 있는가 하는 생각이 들었다. 그 어떤 거대한 손을 가진 거인이나 신이 있어 어느 한가로운 오후에 심심풀이로 진흙을 이겨 빚어 놓았을까? 어떻게 이런 자연 풍경이 만들어졌을까?

카파도피아 풍경

학자들은 화산활동의 영향으로 생겨난 것이라 한다. 약 900만 년 전부터 300만 년 전까지 계속된 화산폭발과 대규모 지진활동으로 잿빛 응회암이 온 땅을 뒤덮었고, 그 후 오랜 풍화작용을 거쳐 특이한 암석 군을 이루어 신비한 자연이 예술작품을 만들었고, 그리고 오랜 시간 뒤에 사람들은 이 기암괴석에 굴을 파고 거주를 했다고 한다.

사람들은 이 풍경을 보고 한 가지 오해를 한다. 우리가 재미있게 본 영화 가운데 스타워즈라는 영화가 있다. 사람들은 그 스타워즈의 동굴 집이나 배경이 되는 지구가 아닌 것 같은 계곡들을 이 카파도키아에서 찍은 것으로 오해한다. 카파도키아가 지구라고는 믿기지 않기 때문이다. 하지만 스타워즈는 카파도키아와는 전혀 관계가 없다. 스타워즈는 튀니지의 마트마타 사막에서 촬영한 것이다.

이곳에서 카파도키아의 경치를 즐겁게 구경하고 다음으로 간 곳이 차우쉰 동굴교회다. 여러 곳의 기념품 가게가 있고 그 뒤의 거대한 암석 절벽에는 차우쉰 동굴교회가 있다. 이 교회에 들어가려면 입장료를 따로 내어야 하는데 사람들이 잘 찾지 않는지 한가로이 앉아 있는 관리인에게 표를 끊으니 동양인이 이 곳을 찾는 것이 신기한 듯이 의아하게 바라본다. 입장료를 내고 철 계단을 올라가 동굴로 들어가니 초기 교회의 성화가 벽에 많이 보였다. 오랜 세월에 많이 퇴색된 것 같고 또 많이 훼손되어 있지만, 초기 기독교의 성화로 가치가 있는 곳이다.

(위) 차우쉰 동굴교회
(가운데, 아래) 기독교 성화

차우쉰 동굴교회를 구경하고 파샤바아로 가는 도중에 파샤바아와 유사한 버섯 모양의 바위들이 즐비하게 늘어서 있었다. 카파도키아는 사실 어느 곳을 꼭 정하고 구경을 하지 않아도 곳곳에 버섯 모양의 바위들이 비슷한 모습을 띠고 있는 곳이 너무 많다. 그리고 그 모습 모두가 우리를 경탄하게 한다.

길을 걸어가면서 곳곳에서 기괴한 모습을 가진 바위들을 보며 감탄을 하는 것이 우리가 걸으면서 여행을 하는 즐거움이다. 차를 타고 가거나 투어를 따라가면 이 아름다운 광경을 보지 못하고 지나가기가 쉽다. 정해진 곳을 정해진 길로만 가기에 여행사나 가이드가 보여주고 싶은 것만 관광객이 본다. 하지만 나와 아들은 우리 발길이 닿는 대로 움직일 뿐이다. 그리고 이정표를 보고 여기가 어딘지를 알아차린다. 물론 현대 문명의 이기인 스마트폰의 구글 지도만 따라가면 길을 잃을 이유가 거의 없었기 때문이다. 계속 구경을 하면서 길을 가니 카파도키아의 바위군중 가장 유명한 파샤바아에 도착한다.

파샤바아는 터키어로는 '장군의 포도밭'이라 하는데 이곳에서 포도를 많이 재배했다

바위를 파서 거주했던 집의 모양

고 하여 이름이 붙여졌다. 파샤바아 Paşabağa 언덕에서 굽어보면 버섯 모양의 바위들이 눈길을 끄는데, 바위 위에 송이버섯처럼 생긴 바위가 하나, 둘 혹은 셋까지 올라앉아 있는 모습이 독특하다. 화산폭발로 퇴적된 지층이 오랜 세월을 거치면서 독특한 모양을 만들었는데 누가 보아도 송이버섯 모양이다. 이런 바위의 모습을 보는 순간 만화영화 스머프가 떠오른다. 만화에서 스머프들은 버섯 모양으로 된 집에서 살고 있다. 이곳이 스머프가 사는 마을과 흡사하다는 느낌이 드는 이유는 버섯처럼 생긴 바위도 한 몫 하지만, 버섯바위에 구멍을 뚫어 생활공간을

바위를 파서 거주했던 집의 모양

만들고 여기에 사람들이 거주를 했다는 것이 결정적인 이유라고 생각한다.

그 중 파샤바아에서 가장 유명한 바위는 '기둥 위의 성자'라고 하던 시몬이 수도한 곳이다.

파샤바아를 구경하고 오늘의 최종 목적지인 젤베야외박물관으로 간다.

젤베야외박물관은 괴레메 마을에서 북동쪽으로 약 8Km 떨어진 곳에 있는 계곡으로 9~13세기 기독교도들이 은둔하면서 살았던 곳으로 교회와 수도원이 남아 있다. 이 계곡에는 15개의 교회의 흔적이 있는데 성화는 없고 여러 종교적 상징이 그려져 있다. 주거 지역에는 저장 시설도 따로 갖추고 있었으며 2층과 3층 등 각 층의 굴이 작은 땅굴로 연결되도록 유기적으로 설계됐다. 1950년대까지 이 지역에 실제 사람들이 살았는데 동굴의 붕괴 위험이 높아지면서 터키 정부가 1952년 지역 주민들을 모두 이주시켰다. 젤베야외박물관 지역은 교회 외에도 계곡의 독특한 경치 자체가 볼거리로 우리에게 다가온다.

젤베야외박물관은 상당히 크지만 걱정하지 않아도 된다. 이정표가 야외박물관을 한 바퀴 빙 돌아 구경하도록 만들어 놓아 있으니 그대로 따라만 가면 된다. 자세히 돌아보려면 얼마나 시간이 걸리는지 모르겠는데, 그냥 한 바퀴를 돌아보는데도 한나절이 소요되었다. 하지만 자유롭게 다니니 이 정도라도 볼 수 있었지 투어를 따라 가면 과연 얼마나 볼 수 있을지…… 내가 여행을 다니면서 만난 투어 여행객들을 보면, 내가 하루를 소비하여 구경하는 곳도 30분도 안 되어 구경을 마치고 가버리는 일이 허다했다. 심지어 진짜 구경은 하지도 안 하고 겉모양만 얼핏 보고 가는 것도 많이 보았다. 그래서 나는 투어 여행을 좋아하지 않는다.

젤베야외박물관을 구경하고 나와서 카페에 앉아 괴레메로 돌아갈 생각으로 버스를 물어보니 조금 있으면 온다고 한다. 카페에 앉아 차를 한잔 마시고 아들과 오늘 구경한 여러 곳의 이야기를 하다가 버스가 와서 타고 괴레메로 돌아왔다. 아침부터 저녁까지 적어도 15㎞ 내지 20㎞의 거리를 걸어서 구경했다고 생각하니 스스로가 대견하다는 생각이 들었다.

젤베야외박물관 전경

젤베야외박물관의 여러 모습

숙소에 돌아와 저녁을 먹으려고 나갔는데 '우리집'이라는 한식당이 보였다. 그 옆에는 중국집이 있는데 아들과 오랜만에 한식당에 가서 밥을 먹자고 했다. 우리는 여행 중에는 항상 현지 음식을 먹는 것을 불문율로 했지만 오랜만이라 아들도 동의하여 식당에 가니 한국 사람들이 많이 밥을 먹으면서 기분 좋게 떠드는 소리가 들린다. 낮에는 아무도 보이지 않았는데 여기에 이렇게 많이 보이니 모두 투어를 따라다닌 것 같다. 식당은 한국 사람이 운영하는 것이 아니라 터키인 부부가 운영하는데 그런대로 한국 음식 맛을 내고는 있었다. 비빔밥, 불고기, 김치찌개 등 등 많은 종류의 한국 음식이지만 재료가 터키산이라…….

저녁을 먹고 들어오니, 아마 오늘 제법 많은 거리를 걸은 탓인지 피로함을 느낀다. 내일 아침에 다시 발룬을 타기 위해서 일찍 일어나야 하기에 일찍 잠자리에 들었다.

젤베야외박물관의 여러 모습

카파도키아 2 열기구 타기

높이 나는 새가 더 많은 곳을 본다.

아침에 일찍 일어나 어제 타지 못했던 터키여행의 백미로 일컫는 발룬 열기구 을 타기 위해 다시 셔틀에 몸을 싣고 출발했다. 카파도키아에만 무한정 있을 수 없으므로 우리가 카파도키아에 있는 동안 발룬을 꼭 타야 한다. 날씨가 상당히 좋아 기대를 하고 현장에 가니 어제보다 더 많은 사람이 대기하고 있으며 발룬을 운행하는 사람들도 준비를 시작한다. 다행히 오늘은 발룬이 운행된다고 하며 발룬에 가스를 주입하는 동안 발룬을 타기 위해 대기하는 사람들에게 이들은 차와 약간의 주전부리를 준비해 놓고 대접을 한다. 차를 한잔 마시고 쿠키를 두어 개 먹고 주변을 돌아보니 준비하고 있는 발룬이 엄청 많다. 적어도 내 눈에 보이는 것만도 백 개는 넘는 것 같다.

카파도키아 하늘을 수놓고 있는 발룬들

하늘 위의 발룬들과 아래 풍경

　우리는 발룬에 서너 명이 타는 것이라 생각하지만 한 발룬에 20명이 타는 큰 열기구다. 이 사람들 말에 의하면 발룬은 높이 떠오르면 지상에서 약 400m까지 올라간다고 하여, 공중에 높이 올라가면 상당히 기온이 떨어지므로 옷을 두껍게 입고 발룬을 탔다. 이 발룬의 운행은 계절에 따라 시간이 다른데 그 이유는 발룬을 타고 하늘에 올라 해돋이를 보기 위해서 조절하는 것이다.

　발룬은 한 시간 정도를 운행하는데 카파도키아 일대를 하늘에서 한 시간 구경하면 자연의 풍경은 거의 다 본다고 해도 과언이 아니다. 어제 종일 걸어 다니며 보았던 기괴한 모양의 암석군들, 카파도키아 평원, 아름다운 카파도키아 계곡들 등등 카파도키아의 절경을 하늘 위에서 보는 색다른 경험을 할 수 있으며, 하늘 위에서 해돋이를 보는 기분은 말로는 설명할 수 없고 직접 그것을 경험해 보아야 알 수 있다. 참고로 이야기하면 이 발룬투어는 여러 곳에서 예약을 할 수 있지만 숙소에서 예약을 하는 것이 교통편이나 다른 서비스면 등 여러 면에서 가장 좋다.

　세계 각국의 사람들이 이 발룬을 타고 어린아이같이 기뻐하며 즐거워한다. 우리가 탄 발룬에는 중국인들이 많이 탔는데 중국인 특유의 떠들썩한 분위기를 느낄 수 있었다.

　발룬을 조종하는 조종사들은 능숙하게 오르락내리락 하면서 카파도키아를 한 바퀴 도는 것 같으니 카파도키아를 여행하는 사람은 하늘 위에서 자유를 만끽하는 발룬을 꼭 타 보는 행운을 가지기를 빈다.

첨언하면 터키를 여행하는 도중에 한국의 젊은이들을 만나서 이야기를 나누었는데, 그 젊은이들이 카파도키아를 거쳐 왔다고 해서 발룬을 탔느냐 물으니 못 탔다고 했다. 기상 상태가 좋지 않아 12월 하순에 발룬이 뜨고 그 뒤에는 한 번도 뜨지 않았다고 하면서 현지인들이 당분간 발룬 운행이 어려울 것이라 하더라고 전했다.

바로 그날이 내가 발룬을 탄 오늘로 나의 여행에 조그마하지만 행운이 따랐다.

한국에 돌아와 이 발룬을 탄 이야기를 사람들에게 하니 이구동성으로 "위험하지 않느냐?"고 묻는다. 하지만 답은 아주 간단하다. 너무 편안하게 우리가 자동차를 타고 가는 것보다 더 움직임이 없다. 가만히 있으면 하늘에 올라가서 오르락내리락하면서 조종사가 조종하는 대로 움직이며 우리는 그냥 구경만 하면 된다. 물론 안전벨트와 같은 보조 장치가 없이 하늘에 올라가기 때문에 조심은 해야 한다.

하늘에 올라 얼마나 많은 발룬이 떠 있는지를 대강 헤아려 보니 적어도 300내지 400개 정도가 눈에 보였다. 물론 하늘의 크기에 비하면 너무나 작지만 엄청난 수의 발룬이 하늘을 덮고 있었다. 그래서 속으로 '발룬이 한번 뜨면 얼마나 이 동네에 수입이 될까?'하고 계산을 해 보았다. 한 발룬에 20명씩 타고, 약 400개의 발룬이고 한 사람당 130유로다. 간단히 계산하면 20×400×130이면 약 100만 유로이다. 물론 모두가 발룬 탑승 요금은 아니지만 하여튼 발룬과 관련이 있는 돈으로 우리 돈으로 약 13억이다. 물론 매일 이렇게 많이 뜨는 것은 아니겠지만…… 뒤에 알았지만 오늘이 전에 발룬이 뜨지 못해 손님을 다 모아 많이 뜬 것이라 하지만, 그래도 이 작은 마을에서 엄청난 수입을 보장하는 관광 아이템이다.

하늘에서 카파도키아를 즐겁게 구경하고 있으니 동쪽에 붉은 기운이 비친다. 하늘 위에서 보는 해돋이다. 해가 이렇게 뜨는 것을 보여주기 위해서 발룬은 일기가 좋은 날에 운행을 하며 해가 돋는 시간에 맞추어 비행을 한다. 별 것 아닌 것 같지만 이들이 관광객을 위한 마음 씀씀이 갸륵하다고 생각되었다. 발룬을 조종하는 조종사들은 아주 능숙하여 우리가 아주 편안하게 카파도키아의 자연 풍경을 볼 수 있게 한다. 암석 가까이에도 비행하여 암석 군

발룬에서 보는 해돋이

을 자세히 보게 하기도 하고, 멀리서 계곡을 보게도 한다. 따로 다른 투어를 따라 가면서 카파도키아의 자연을 구경할 필요가 없을 정도. 물론 세밀한 자연 풍경은 가까이에서 보아야 제대로 볼 수 있지만 먼 원경은 하늘에서 보는 것이 더 아름다운 것 같다.

　카파도키아의 하늘을 비행기 창이 아니라 직접 발룬에 타서 호흡하며 온몸으로 공기를 숨 쉬면서 보는 풍경은 장관이다. 밑을 보면 카파도키아의 자연이 색다르게 보이고, 하늘을 보면 푸른 하늘과 그곳을 자유롭게 비행하는 발룬들을 보는 것이 더 장관이다. 수백 개의 발룬이 하늘에 떠 있는 모습을 상상해 보라. 사람들은 발룬이 몇 개 정도 떠올라 그냥 선회하는 것 정도로 생각하지 이렇게 많은 발룬이 떠오르는 것을 상상도 못한다. 내가 여행을 마치고 사진을 보여 주니 모두 감탄을 한다. 이렇게 많은 발룬이 떠오르는 것은 상상도 못했고,

발룬에서 보는
카파도키아의 풍경

하늘에서 카파도키아의 자연을 보는 것도 장관이지만 하늘에 떠 있는 발룬을 보는 것이 더 장관이겠다고…….

발룬을 타고 나면 발룬 운행회사에서 간단한 다과와 샴페인을 준비해 놓고 축하를 해 준다. 물론 약간의 상술이 포함되어 있지만 샴페인을 한 잔 주고 팁을 넣는 통을 준비해 놓고 있다. 하지만 절대 강요하지 않으니 주고 싶으면 자기가 알아서 주면 된다. 마지막 정리를 하고 버스를 타려고 하니 이름을 부르며 봉투를 하나 주기에 무엇인가 받아보니 발룬을 탔다는 증명서다. 아주 재미있는 기념품으로 관광객들에게도 추억이 되고 자부심을 가지게 한다. 우리가 여행을 하면서 발룬만 타려고 무작정 카파도키아에 머물 수는 없기 때문에 발룬을 탄다는 것은 행운이 따라야 한다는 것이다. 발룬을 탄 것이 이번 여행에서 재미있는 또 다른 경험이었다.

발룬을 탔다는 인증서

카파도키아 3 그린투어

이번 여행에서 처음이자 마지막으로 투어를 따라가는 일정을 택했다.

카파도키아는 너무나 넓고 명소들이 여기저기에 흩어져 있고, 대중교통도 발달하지 않아서 자신이 차를 운행하지 않으면 투어를 따라갈 수밖에 없다. 투어의 종류는 조금 먼 곳을 가는 그린투어, 우리가 어제 걸었던 코스를 중심으로 하는 레드투어, 그리고 가까운 로즈밸리를 트레킹하는 로즈밸리투어, 그리고 무조건 투어에 참여할 수밖에 없는 발룬투어 등이 있어 각자의 여정에 맞추어 이용하면 된다.

우리는 첫날에는 투어를 선택하지 않고 걸어 다니면서 여러 명소를 구경하였고, 괴레메 야외박물관을 가는 여정도 우리 일정에 맞추어 걸어가기로 했다. 그런데 나머지 코스는 걸을 수 없는 먼 곳에 위치하기에 어쩔 수 없이 그린투어를 선택하니 투어 버스가 우리를 목적지에 데려다 주면 관람만 하면 되는 편리한 여정이었다.

투어버스를 타고 맨 처음 도착한 곳이 데린쿠유 지하도시다. 이 데린쿠유 지하도시 De-rinkuyu Underground City 는 히타이트시대부터 비잔틴까지 지하도시가 만들어졌는데, 기원전 5세기 무렵 그리스의 역사학자 크세노폰의 언급이 있으나 정확한 것을 모르고 있었다. 그러다가 1960년의 어느 날, 마을에서 닭 한 마리가 작은 구멍 속으로 빠졌는데 나오지 않자 주인은 땅을 파기 시작했고, 뜻밖에도 그 아래에서 사람이 충분히 들어가고도 남을 정도의 큰 지하 동굴이 발견되었다. 이후 본격적인 발굴 작업이 시작되어 인근의 지하도시가 하나씩 발견되기 시작했고 유네스코의 지원을 받아 정비하여 민간에 공개되기 시작했다.

'깊은 우물'이라는 뜻인 데린쿠유 지하도시는 터키 중부 카파도키아 지역 데린쿠유 행정구에 있는 개미굴처럼 지하 곳곳으로 파 내려간 깊이 약 85m 지하 8층 규모의 거대한 지하도시로 현재 발굴된 깊이가 지하 8층인데 아직도 더 깊은 곳을 발굴하고 있다고 한다. 내부 통로와 환기구가 지하 각 층으로 연결돼 있고 교회와 학교, 그리고 침실, 부엌, 우물 등이 존재한다. 이곳은 지하로 계속 파 내려갔기 때문에 지금 완전히 발굴되지 않았으나 최대 5만

데린쿠유 입구와 모습

명이 있었으리라 짐작하는 큰 곳이다.

터키에서 지금까지 발굴된 많은 지하도시 중에서 지금까지 40개 이상이 발견되었다고 한다. 가장 큰 곳으로, 최초의 터널과 동굴들은 4천 년이나 그 전에 처음으로 파였던 듯하며, 기원전 700년에는 그 안에 많은 이들이 자리를 잡았던 것이 분명해 보인다. 처음에는 이 땅의 정착민들이 혹독한 날씨를 피해 기꺼이 지하로 들어가 보호를 받았지만, 그 뒤에는 종교박해를 피해 온 초기 그리스도교인들이, 7세기부터는 그리스도교인들이 이슬람교의 박해를 피하는 데 사용하는 등 주로 종교적인 이유로 은신하려는 사람들이 살았으며, 이곳에서 현재 발견되는 거주지 유적은 모두 AD 5~10세기의 중기 비잔틴시대에 속하는 것들이다. 종교적인 신념을 위해서 온갖 어려움을 감수한 그들에게 경의를 표할 뿐이다.

내부에는 외부의 침입에 대비해 둥근 바퀴 모양의 돌덩이로 통로를 막을 수 있게 하였고 독특한 기호로 길을 표시해 침입자는 길을 잃도록 여러 갈래의 통로를 뚫어 놓았다. 현재는 길을 잃어버리지 않도록 화살표로 길 표시를 선명하게 해 놓았으니 화살표를 따라 가며 안

내인을 잃어버리지 않도록 조심해야 한다.

　　데린쿠유를 구경한 뒤 으흘라라 계곡의 끝부분에 있는 셀리메 대성당 수도원으로 불리기도 하
지만 정식 명칭은 성당이다. 으로 간다. 셀리메 대성당은 바위산을 깎아 만든 동굴 집으로 동로마
시절 기독교 박해를 피해 찾아온 신자와 성직자가 살았던 곳으로 실크로드를 이용하던 상인
들도 여기서 묵고 갔다고 한다. 개미집 같기도 하고 지상에 올라온 지하도시 같기도 한 이곳
의 여기저기 뚫려있는 구멍은 각자의 방으로 사용하던 구멍이었다. 천정에 구멍을 뚫어 창
과 환풍구로 사용하고 벽에는 홈을 파서 이들이 비밀리에 통신 수단으로 이용했던 비둘기의
집으로 사용했단다. 방들은 서로 연결되어 있고, 예배당이 있는데 굴을 파고 그 안에 2층짜
리 교회를 만든 것이 놀랍다.

　　전에는 6층까지 개방했다 하는데 이곳이 좀 미끄럽기에 낙상사가 있은 후로 3층까지만
개방한다고 한다. 실내로 들어가서 바깥을 보면 자연스럽게 뚫린 동굴의 입구가 있고, 그 앞
으로 펼쳐진 계곡의 자연 풍경이 한 폭의 그림이다. 옛날 이곳 사람들은 하늘과 자연을 보고
살았으니 데린쿠유 지하도시 사람들보다는 더 밝고 긍정적인 사고를 지니지 않았을까 생각

(위) 물고기 문양이 그려져 있는 입구
(가운데)(아래) 셀리메 대성당 곳곳의 모습

하게 된다.

　나지막한 기둥을 따라 깨알같이 새겨놓은 성인들의 그림과 벽화들은 이곳에 거주했던 사람들의 흔적으로 남아 있다. 하지만 8세기경에 그려졌다는 프레스코는 보존상태가 좋지 않아 너무 아쉬웠다.

셀리메 대성당에서 보는 풍경

　셀리메 대성당을 나오니 점심때가 되었다. 투어를 따라 다니기 때문에 주는 대로 점심을 먹는데 그런대로 괜찮았다. 우리가 머문 숙소에 아침에 보니 한국 아가씨가 있었는데 투어도 같이 하게 되어 점심을 먹으면서 이야기를 했다. 오스트리아에서 공부를 하고 있는데 연말에 터키로 여행을 왔다고 하는 서른은 되어 보이지 않는 나이인데 얼굴이 우수에 젖어 있는 그런 인상이었다. 같은 나라의 사람이라 그 아가씨와 투어를 다니며 이런저런 이야기를 했다.

　점심을 먹고 물이 흐르고 초록의 숲이 있는 으흘라라 계곡으로 갔다. 카파도키아는 붉은 바위와 기이한 버섯 모양의 바위 집들로 우주의 어느 행성 같은 비현실적 도시인데 이곳은 우리가 살고 있는 지구와 같은 모습이다. 100~200m에 이르는 깎아지른 절벽이 병풍같이 늘어선 이런 협곡이 16㎞가량 이어진다는데 오르막이라고는 없는 걷기 좋은 길이다.

　카파도키아 곳곳이 초기 기독교시대에 박해를 피해 사람들이 모인 곳인데, 이곳도 주변에는 5,000호의 주택과 105곳의 교회 흔적이 남아 있다고 한다. 계곡 입구에서 계곡 쪽으로 조금 내려가면 프레스코 벽화가 제법 선명한 조그마한 암굴 교회를 만난다.

아아찰트교회 프레스코 벽화

그리스도의 승천이 그려져 있는 '나무 아래 교회'라는 의미의 아아찰트 교회다. 조그마한 교회라 잠깐 구경하고 내려가면 계곡을 접한다. 계곡은 우리나라나 여기나 비슷하다.

트레킹은 멜렌디즈라는 이름의 제법 큰 하천을 따라 걷는데, 겨울이지만 물이 얼지 않고 흐르며, 주변의 사람이 사는 곳에서는 여러 사람들과 가축도 만난다. 카파도키아에서 항상 건조한 동굴 집만 보다가 물과 숲을 만나니 마음이 조금은 촉촉해지며 여유로워진다.

이 계곡에서도 사람들이 동굴에 살았던 흔적으로 절벽에 구멍들이 보인다. 아래쪽 큰 구멍에는 사람이 살았고, 위쪽 작은 구멍들은 비둘기 집이었다고 한다. 당시 비둘기 고기는 주요 단백질 공급원이었고 비둘기 배설물은 프레스코화의 회벽을 만드는 데 쓰여 지금까지도 선명한 색상을 유지하는데 일조했다. 비둘기 배설물은 비료와 연료, 무기를 만드는 데도 사용됐고, 비둘기 알의 흰자는 벽화를 코팅하는 데 쓰였다 하니 당시엔 비둘기가 가장 중요한 가축이었던 셈이다.

한 해가 끝나가는 12월이지만 으흘라라 계곡은 봄기운이 완연한 한국의 어느 뒷산에 오른 것 같은 풍경으로, 한쪽으로 흐르는 개울물과 그렇게 높지도 낮지도 않은 나무들 사이로 난 길을 걸어가면 평범한 사람들이 그저 산책을 하는 느낌이 드는 장소이다. 사람에 따라 걷는 거리가 다르겠지만 투어에서는 대략 두어 시간 정도를 걸으니 이 계곡 트래킹은 끝나고 다시 뾰족 솟아오른 괴석이 모습을 드러냈다.

계곡의 여러 모습

　여담을 하나하면 이 계곡을 걸어가는 도중에 앞에서 오는 젊은 남녀가 웃으면서 인사를 하고 지나간다. 훤칠한 키에 아주 선량하게 보이는 젊은이들이었다. 그들이 말하는 것을 들으니 중국인이었는데, 다들 웃는 모습이 너무 고왔다. 착하고 선하게 보이는 모습이 사람의 마음을 맑게 하고 기분 좋게 해주는 그런 젊은이들이었다.

　여행을 하면서 이렇게 모르는 사람에게서도 마음의 평안을 얻을 수 있는 것이 아주 즐거운 일이다.

　이 계곡은 아주 평탄한 길이기 때문에 나이가 든 사람이든 어린 아이든 전혀 무리가 없이 누구든지 쉽게 걸을 수 있다. 중간에는 찻집과 휴식처 그리고 식당도 마련되어 있으니 시간에 여유가 있는 사람들은 한가로이 거닐면서 여유로움을 즐기면 좋을 것이다. 우리는 투어를 따라 와서 시간을 맞추어야 되기에 이 좋은 길을 조금 급하게 걸었다. 이런 점이 내가 투어를 하지 않는 이유인데 이번에는 어쩔 수 없었다.

기분 좋게 으흘라라 계곡 트래킹를 마치니 버스가 우리를 기념품과 보석을 파는 가게로 인도한다. 물론 어느 나라에서나 있는 과정이지만 나는 물건을 살 계획은 전혀 없으므로 구경만 하고 거기에서 주는 차를 마시고 나왔다. 가게를 나와서 간 곳이 석양의 아름다운 괴레메를 볼 수 있는 피전밸리 전망대인 괴레메파노라마다.

이곳에서는 괴레메의 대부분의 모습을 볼 수 있어, 우리가 어제 걸어 다니면서 보았던 풍경들과 기암괴석으로 가득한 로즈밸리나 레드밸리도 한눈에 들어온다. 괴레메를 일망무제로 조망할 수 있는 곳으로 여기에서 괴레메를 바라보는 풍경도 다른 멋이 있다.

서서히 해가 진다. 발룬을 타고는 하늘에서 해가 떠오르는 광경을 보았는데 땅에서는 해가 지는 모습을 본다. 하늘에서 보았던 괴레메의 풍광을 이제는 땅 위에서 전체를 다시 본다. 걸어 다니

피전밸리전망대에서 괴레메파노라마를 보는 풍경

면서 보는 풍경은 자세히 볼 수 있으나 전체를 조망하기는 어렵다. 그런데 하늘에서나 이 피전밸리 전망대에서는 괴레메의 전체를 조망할 수 있어서 좋다. 나무를 보아야 좋은 것도 있고, 숲을 보아야 좋은 것도 있는 것이 자연의 한 현상이고, 또 우리가 살아가는 인생이기도 하다.

이 전망대의 가게 앞의 나무에 푸른빛을 띤 사람의 눈 모양의 물건이 달려 있다. 나자르 본주우 터키어: Nazar boncuğu 라고 부르는 터키에서 흔히 볼 수 있는 이 푸른 빛깔의 물건은 사람들의 불행을 막아준다는 터키의 부적으로 푸른 유리에 눈이 그려져 있으며, 재앙을 물리친다고 하는 터키의 대표적인 기념품이다. 옛날 사람들은 악마의 눈은 생명이 있는 모든 것을 해치는 힘이 있다고 생각해서 악마의 눈을 가두어 놓은 부적을 만들었다. 세상 어디에서나 원시 샤마니즘 사회에 있는 부적으로, 예전에는 여러 재료를 이용해서

피전밸리전망대에서 괴레메파노라마를 보는 풍경

만들었지만 지금은 대개가 유리나 플라스틱으로 만들어 기념품으로 판매하고 있다. 터키를 여행하면서 자신을 지켜주는 나자르 본주우를 하나쯤은 골라 보는 일도 재미가 있을 것이다.

먼 곳을 투어를 따라 다니며 여러 곳을 구경하고 난 뒤에 숙소로 돌아와 저녁을 먹으러 간다. 몇 번이나 말했지만 아들은 먹는 것을 엄청 중시해서 구글에서 그 지역의 특색 있는 음식점을 항상 검색하여 나에게 가자고 한다. 나는 따라가서 맛있게 먹고 비용만 지불하면 된다.

터키는 이슬람 국가지만 주류에 있어서는 비교적 자유롭다. 곳곳에서 술을 팔고 마실 수도 있지만 모든 식당에서 팔지는 않는다. 다행히 우리가 간 식당은 술을 팔기에 카파도키아의 맥주를 주문하여 피로를 풀면서 이야기를 곁들여 식사를 했다.

우리나라 여행자들이 카파도키아를 여행할 때 꼭 먹어 본다는 항아리 케밥의 원래 명칭은 Testi Kebap으로 흙으로 만든 항아리에 고기나 야채들을 함께 넣고 푹 끓여내는 음식이다. 지금은 카파도키아의 명물 음식이 되어 특히 한국인에게 인기를 끌고 있는데, 아마도 우리 식성에 잘 맞는 음식이기 때문일 것이다. 우리나라 사람들은 국이 있어야 밥을 잘 먹는데 항아리 속에서 푹 고아지면서 국물이 홍건하게 생겨 우리 식성에 잘 맞는다. 또 밀봉된 항아리를 뚝 깨어서 먹는 재미도 있다.

저녁을 먹고 시내를 좀 배회하니 아직은 비수기라서 관광객이 적어 시내가 좀 한가하다. 이곳저곳의 가게를 눈으로 쇼핑을 하다가 숙소로 돌아와 하루를 정리해 보며 잠자리에 든다.

나무에 달려 있는 나자르 본주우(터키어 Nazar boncuğu)

이제 카파도키아도 마지막 날이라 그동안 유보해 놓았던 괴레메야외박물관에 가기로 했다. 괴레메야외박물관은 괴레메 시내에서 얼마 멀지 않기에 우리는 우리 특기를 살려 걸으면서 주변의 풍경을 즐기며 갔다. 며칠을 보는 풍경이지만 매번 볼 때마다 기이하게 보이고 우리 지구 행성의 사람이 사는 곳이 아닌 것 같은 기분이 든다. 어떻게 이런 자연이 만들어졌을까? 자연의 경이로움에 감탄할 뿐이다. 거대한 자연에 비해 조그마한 미물에 불과한 우리 인간이 어떻게 알겠는가? 그저 놀랄 뿐이다.

야외박물관까지 계속 보아왔던 광경을 또다시 보며 빨리 걸으면 30분도 안 걸리는 거리를 한가로이 약 한 시간 정도를 걸어서 야외박물관에 도착했다. 카파도키아에 오는 관광객은 다른 곳은 안가도 모두 이곳을 보고 간다고 하는 너무 유명한 곳이라 비수기이지만 사람들이 매우 많았다.

괴레메야외박물관 전경

유네스코 세계문화유산으로 지정된 카파도키아 기독교의 성지 괴레메야외박물관에는 평균 30m 높이의 돌기둥이 늘어서 있는데, 초기 기독교시대부터 신자들의 공동체가 만들어졌던 곳으로 초기 기독교인들이 이 돌기둥을 파서 교회와 거주공간을 만들어 생활했다. 이곳에는 365개의 교회가 있었다고 하는데 지금 약 30개의 교회가 공개되고 있다. 교회의 모양은 카파도키아의 동굴교회와 비슷하고 단순하지만, 이곳의 내부 벽에는 예수의 생애 등을 기록한 프레스코 벽화를 비롯해 초기 기독교시대의 십자가와 천국의 대추나무, 석류와 신앙고백의 상징인 물고기 그림 등이 많이 있다. 8~9세기의 성상파괴운동으로 많은 성화가 파괴되었다가 다시 그 위에 나무나 기하학적 문양, 물고기 등 여러 문양을 그렸다가, 중세 이후에 다시 성화가 그려졌다고 한다. 이 괴레메야외박물관에는 다양한 형태의 프레스코 성화가 가득한데 내부 사진을 찍지 못하게 막은 곳이 대부분으로 그저 눈으로만 보고 다시 오라는 것 같아 아쉬웠다. 물론 성화를 보존하기 위한 한 방법이지만 관람을 하는 나는 아쉬운 마음이 너무 컸다.

그 가운데 사과교회라는 명칭이 붙은 교회는 교회 내부에 있는 성화에 사과 모양의 둥근 물체를 쥐고 있는 모습에서 따온 것이라 하는데 일설에는 사과 모양이 지구를 의미한다고도 한다.

성 바르바라 예배당의 바르바라는 전설적인 가톨릭 성녀로 3세기경 소아시아의 니코메디아 일설에는 히에라폴리스 에서 출생했다 한다. 이교도인 디오스코루스의 딸인 그녀는 306년경에 순교한 것으로 여겨지며, 순교 장소는 여러 곳으로 전해지나 확실한 것은 없다. 바르바라가 실제 인물인지에 대해서는 의문의 여지가 많고 그녀에 관한 전설도 사실이 아닐 가능성이 매우 높아 1969년부터 교회력에는 그녀의 축일이 삭제되었다.

전설에 의하면 미모인 까닭에 이교도인 부친 디오스코루스에 의해 탑에 유폐되었으나 탑 내에서 개종하여 세례를 받고, 삼위일체를 나타내는 3개의 창을 탑에 뚫어, 딸이 그리스도교 신자가 된 사실을 알자 분노한 그녀의 아버지는 그녀를 죽이려고 하였고, 아버지에 의해 재판에 넘겨져 배교하라는 요구를 거부하여 사형을 선고받았다. 이때 그녀의 아버지는 직접 바르바라를 참수하고 집으로 돌아오는 길에 번개에 맞아 죽었다고 한다. 안에는 바르바라의 모습이 프레스코로 남아 있다.

뱀교회라는 이름은 성 요르기오스와 성 테오도로스가 뱀과 싸우는 벽화의 모습에서 따온 것이다.

암흑교회의 벽화는 보존상태가 가장 좋다. 빛이 거의 들어오지 않는 곳이라 암흑이라는 이름이 붙었는데 덕분에 프레스코가 거의 선명하게 남아 있지만 사진을 찍을 수 없게 통제를 한다.

철 계단을 올라가서 2층에 들어가면, 예수 승천 벽화 아래에 발자국 모양이 남아 있어 샌들교회라 일컫는 암굴에는 여러 벽화가 그려져 있고 비교적 잘 보존되어 있다.

괴레메야외박물관을 구경하고 나니 아쉬운 마음이 크다. 여러 프레스코를 보았는데 사진을 전혀 찍을 수가 없어 이 글을 쓰는 도중에 너무 안타까운 마음만 든다. 물론 보존을 위해서 어쩔 수 없는 일이지만 사람의 마음은 그렇지 않다. 특히 여행을 하는 사람들에게 눈으로 보는 것은 기억의 한계가 있어 사진으로 보존하려고 하는 것이다. 특히 아름다운 성화들의 프레스코는 그 순간이 지나면 어디에 무엇이 있었는지 기억하기가 어렵다.

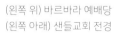

(왼쪽 위) 바르바라 예배당
(왼쪽 아래) 샌들교회 전경

교회 내부의 프레스코

(위) 사과교회 설명판 (아래) 샌들교회 설명판

그래도 이 박물관의 교회나 예배당 등의 입구 설명판에는 그곳의 유명한 프레스코를 사진으로 보여주고 있으니 그 설명판을 찍은 사진으로라도 만족해야 한다. 그런데 우리나라에는 아직 괴레메야외박물관에 대한 자세한 설명을 찾을 수가 없어 글을 쓰는데 어려움이 있어 안타까웠다.

구경을 마치고 괴레메 중심지로 돌아와 점심을 먹었다. 유럽을 다니면서 항상 느끼는 것이지만, 우리와는 조금 다른 생활습관으로 이들은 아침을 상당히 늦게 시작하고 밤늦게까지 일을 하거나 놀이를 즐기는 생활을 한다. 우리는 점심때가 되어서 식당에 갔으나 아직 사람들이 거의 없다. 점심을 주문하고 아들과 다음 일정을 이야기하다가 음식이 나와 밥을 먹었다.

점심을 먹고 다음 여행지로 가기 전에 아들 녀석의 신발을 사러 거리를 헤매고 다녔다. 그리스에서부터 좀 말썽이었던 신발이 드디어 신을 수가 없게 되었기 때문이다. 조그마한 시내라 신발을 파는 집이 거의 보이지 않아 계속해서 걸어 다니며 가게를 찾으니 한 집에 신발이 보였다. 들어가니 다행히도 아들의 발에 맞는 신발이 있어 신을 구입하고 숙소에 가서 짐을 챙겨서 나와 버스를 타러 갔다.

드디어 꿈에서도 갈망하던 트로이로 간다. 카파도키아에서 트로이가 있는 차낙칼레로 가는 방법에는 여러 가지가 있지만 우리는 앙카라를 거쳐 가기로 했다. 그래서 앙카라까지는 버스로 이동하고 앙카라에서 차낙칼레는 비행기로 이동하기로 했다. 좀 번거롭지만 이 여정이 최선의 방법이라 생각하고 선택했으나 꽤 먼 거리라 제법 많은 시간이 걸린다. 하지만 우리나라와 같이 좁은 땅이 아니고, 교통도 우리나라만큼 잘 발달해 있지도 않은 곳이니 감수해야만 하는 여정이다.

어려움이 있지만 내일부터 트로이를 볼 것이다.

차낙칼레

차낙칼레 트로이   신들의 전쟁에서 인간의 역사로

드디어 일찍부터 반드시 오기를 기대했던 트로이에 왔다.

내가 트로이를 꿈꾸며 동경했던 때가 언제부터였을까? 50여 년도 더 되는 옛날에 일리아드 오디세이를 처음에는 소설로 읽었을 때, 이 이야기가 실제 역사의 현장을 호머가 대서사시로 썼고, 슐리이만에 의해 트로이가 발굴되었다는 것을 알게 되면서 언젠가는 꼭 트로이를 내 눈으로 볼 것이라 생각했는데 이제야 트로이를 오게 되었다. 저번에 터키 일대를 여행할 때 트로이를 보지 못한 것이 너무나 아쉬웠기에 이번 여행을 계획하면서 꼭 트로이를 가자고 아들에게 말했다. 아들이 일정을 짜 보고는 좀 어렵다고 했지만 내가 강권하여 트로이를 보는 여정으로 바꾸었다. 여기에는 아들도 트로이가 보고 싶은 생각이 있었기 때문이다.

카파도키아에서 버스로 약 5시간을 걸려서 앙카라에 도착하여 앙카라공항에서 오후 11시 40분 비행기로 차낙칼레에 도착하니 새벽 1시 30분이다. 차낙칼레 Çanakkale 는 항구도시로 차낙칼레 주의 주도이며, 유럽과 아시아를 이어주는 다르다넬스 해협을 사이에 두고 킬리트바히르 Kilitbahir 시와 마주보고 있다. 차낙칼레는 고대부터 해상 교통수단 및 해군 시설이 발달하여 역사적으로 중요한 해군 기지의 역할을 해 왔다. 특히 차낙칼레는 고대 그리스의 영웅 서사시에 나오는 트로이로 향하는 항구도시이기도 하며, 1차 세계대전 때 방어 진지 역할을 한 치멘리크 요새 Çimenlik Fortress 가 이곳에 있다. 시 외곽으로는 고대 유적지가 많고 특히 남쪽의 트로이 Troy 가 유명하며, 해안에는 브래드 피터가 주연한 영화 〈트로이〉의 대형 목마가 세워져 있어 최근에는 관광지로도 각광받는 곳이다.

빨리 호텔을 찾아가서 잠을 자고 일어나 호텔에 부탁하여 택시를 불러 드디어 트로이로 향했다. 트로이뿐만 아니라 터키는 교통편이 좀 좋지 않으니 터키를 여행하는 사람들은 없는 버스를 기다리며 시간을 보내는 것보다 택시비가 우리보다 엄청 싸니 택시를 타기를 권하고 싶다. 트로이까지 왕복 30Km도 더 되는 거리인데 우리가 트로이를 관광할 때까지 기다려 주고 다시 시내까지 데려다 주는 요금으로 우리 돈으로 약 50,000원 정도에 계약하고 편하게 다녀오기로 했다. 여행에서는 시간을 절약하는 것이 가장 큰 일인데 편할 뿐만 아니라 시간이 엄청 절약된다. 물론 비용이 너무 많이 들면 시간을 절약하는 의미가 없지만……

호머에게는 일리오스라 불리었던 트로이는 아나톨리아 지방 북서부, 스카만데르 강의 북쪽과 헬레스폰트 해협의 남쪽 어귀로부터 약 6.4㎞ 떨어진 트로아스 평야 히사를리크언덕에 있다. 학자들은 이 유적지를 결코 '트로이' 미국식 나 '트루바' 터키식 '트로야' 독일식 등으로 부르지 않고 '히사를리크언덕'이라고만 부른다고 한다. 그들에게는 트로이라고 부르는 것만으로도 하나의 단편적인 역사적 사실로 이미 확정되기 때문이다. 이곳은 바다에서 6㎞ 정도 떨어져 있어 바다로부터의 습격을 받을 위험은 적었으나 바다에서 그리 멀리 떨어져 있지 않고, 에게해와 흑해를 잇는 헬레스폰트 다르다넬스 해협 의 입구에 있어, 옛날부터 번영을 누려왔다.

이 트로이의 발굴은 너무 잘 알려져 있어 간단하게 말하겠다.

어릴 때 호머의 일리아드와 오디세이를 읽고 이것이 신화가 아니라 역사라고 믿은 독일 고고학자 슐리이만이 1870년 4월, 이 지역에서 처음 발굴을 시작하여 1873년 6월 드디어 트로이의 유적을 발견했다. 그 후 1930년대 칼버트의 연구와 슐리이만의 노력으로 발견된 트로이는 도시 위에 도시가 건설되어 있는 대단히 복잡한 복합 유적으로, 유적은 9층으로 이루어져 있는데 상세한 설명은 줄인다.

트로이를 발굴하는 과정에서 슐리이만은 중대한 실수를 저질렀다. 그는

TROIA가 뚜렷이 새겨진 설명판

호머의 서사시에 등장하는 시대만을 염두에 두고 발굴했기 때문에 B.C. 2,000년 이후의 유적은 파괴하고 말았다. 그래서 그리스 이후의 유적은 영원히 잃어버리게 되었다.

트로이는 폐허로 온전하게 갖추어진 유적은 없다. 그러나 여기는 트로이다.

트로이에 도착하여 택시 기사에게 기다리라 하고 구경을 나서니 처음 눈에 띄는 것이 거대한 목마다. 물론 조금도 고증이 되지 않고 현대에 만들어 놓은 것이지만 그냥 트로이를 말할 때 상징적으로 이야기하는 것이 목마다. 사람들은 말하기를 차낙칼레 항구에 서 있는 브래드 피터 주연의 영화 〈트로이〉에 나오는 목마가 더 잘 만들어졌다고 하지만 나는 이 목마가 더 친근감이 들었다. 영화의 목마는 너무 세련된 모습인데 과연 그 시대에 그렇게 세련되게 만들었을까? 그냥 거대한 나무 말을 만들었지 않았을까? 과연 어느 것이 진실인지는 알 수 없다. 목마에 대한 기록만 있지 어떤 모양인지는 모른다. 아니 진짜로 목마가 있었는지도 모른다. 하나의 이야기일 뿐이다.

트로이 유적지는 기원전 3,000년 전 청동기시대부터 로마시대까지의 유적층이 겹겹이 쌓여 있어 시기별로 9층으로 표시해 놓았다. 트로이 유적지를 처음으로 발견한 독일의 슐리이만 참호라고 부르는 곳은 트로이 1시기 기원전 3,000년 의 거주지로 추정되며, 그가 당시에 트로이의 프리아모스 유적을 발굴하기 위하여 무분별하게 파헤쳐 놓았다.

트로이 2기의 유적에는 성안으로 들어가는 경사로가 대리석으로 포장되어 있다.

(위) 트로이 유적지의 목마
(아래) 브래드 피트 주연의 영화 〈트로이〉에 나오는 트로이 목마

이곳이 슐리이만이 프리아모스의 보물이라고 불리는 유물을 발견한 장소로 1992년에 처음 발견된 상태로 원형이 복원되었다고 한다.

의식을 행하던 유적의 남서쪽에 있는 성역에서는 최근에 발굴된 당시 제단으로 사용되었던 장소와 우물을 볼 수 있다.

오데온은 9기에 만들어진 로마 극장으로 거의 완전하게 복원되어 있다. 마지막 9기는 기원전 150년 무렵부터 로마시대였던 서기 500년까지로 추정된다. 이곳은 로마의 시조인 아이네이아스가 태어난 곳으로 알려져 로마황제들의 관심이 많았던 곳이다. 이 오데온과

(위) 성안으로 들어가는 경사로 (아래) 오데온

극장은 아우구스투스에 의해 지어졌다고 하는데 한때는 번성했으나 차츰 쇠퇴하다가 5세기 말경 지진에 의해 파괴되고 폐허로 방치되어 있었다. 그리스에서 엄청난 규모의 원형극장만 보다가 조그마한 오데온을 보니 더 정감이 갔다.

트로이 전쟁이 신화냐? 역사냐? 하는 의문은 슐리이만 뿐만 아니라 우리 모두에게 주어지는 질문이었다. 전쟁의 시작은 신화에 기초한다. 어느 날 여신 헤라와 아테네, 아프로디테가 서로 자신이 가장 아름답다고 다투는 일이 있었다. 심판을 맡았던 트로이의 왕자 파리스는 아프로디테의 손을 들어주고, 그 대가로 그리스 제일의 미녀 헬레네를 차지하게 되었다. 하지만 유부녀였던 헬레네를 빼앗긴 남편 메넬라오스는 아내를 되찾기 위해 미케네의 왕 아가멤논을 총사령관으로 하는 대규모 원정군을 이끌고 트로이로 쳐들어갔다. 수많은 영웅과 신들이 양쪽의 군대에 참가하여 전투를 벌이고 여러 신화적 이야기가 전개되며 이후 10년 동안 양측의 싸움으로 수많은 영웅들이 피를 흘리며 쓰러졌다. 그러나 그리스는 '트로

이의 목마' 작전이 성공을 거두어 마침내 길고도 지루했던 전쟁은 끝을 맺게 되었다.

이것이 흔히 세상에서 이야기하는 '트로이 전쟁'을 아주 간단하게 요약한 줄거리다.

과연 트로이 전쟁은 헬레네 때문에 일어났을까? 정말 신들이 인간의 전쟁에 개입한 것일까? 호머가 역사에 기초하여 꾸민 이야기일 뿐이라고 생각된다. 트로이는 지중해 교통의 요충지로 그리스 도시국가들이 교역을 하는데 가장 큰 불안 요소이었을 것이다. 그래서 아가멤논을 중심으로 한 미케네와 그리스 연합군과 아나톨리아의 트로이군이 해상 무역을 두고 벌인 전쟁이라는 것이 역사의 진실일 것이라고 역사가들은 말한다.

호머의 대서사시 '일리아드'에 등장하는 트로이 전쟁은 실제 유적이 발굴되기 전까지만 해도 신화 속의 이야기라고 생각되었다. 하지만 이 이야기가 사실에 기초한 것이라고 생각하고 마침내 땅속에 묻혀 있던 전설 속의 트로이를 발견한 하인리히 슐리이만은 고고학 역사상 가장 위대한 발굴을 한 사람으로 널리 알려져 있으며, 후에 미케네도 발견하여 고고학 역사에 커다란 발자취를 남겼다.

최초 발굴 당시 슐리이만은 제 2층의 트로이를 호머가 말한 트로이라고 단정했으나, 그후 연구를 통해 트로이 전쟁의 무대는 제 7층인 것으로 밝혀졌다. 그리고 당시 트로이는 미케네 문화권에 속했으며, 주변 해협을 지배할 수 있는 유리한 위치여서 무역으로 번영을 누렸다는 사실도 밝혀졌다. 트로이는 지금도 계속 조사 발굴이 이루어지고 있다. 1930년대에

트로이 6기의 성

트로이 유적

(위) 트로이 2기의 메가톤
(아래) 아테네 신전 설명판

미국의 블레겐이 트로이 유적에 대한 과학적인 재조사를 시행한 결과, 트로이 전쟁이 사실성을 갖는다면 9층으로 이루어진 유적 가운데 B.C. 1,250년의 것으로 추정되는 제 7층 A가 여기에 해당한다고 주장하였다.

사람들은 흔히 말했다. 트로이에 가봤자 폐허만 볼 뿐이고 실망한다고. 물론 트로이는 폐허지만, 역사의 엄청난 현장이기에 트로이 유적을 보고 나니 큰 감동이었다. 트로이를 보면서 영화에서 보던 트로이의 한 장면을 실감하고, 그리스 연합군과 맞서고 있는 트로이 군대를 생각해 본다. 이 역사의 현장이 지금 폐허면 어떠랴. 내가 여기에서 역사의 숨결을 느낄 수 있으므로 가장 복 받은 여행지인 것이다.

트로이를 보고 나서 차낙칼레의 모든 것은 나에게 지나가는 과정에 불과했지만 트로이를 보고 난 후 시내 항구로 가서 차낙칼레 일대를 구경했다.

항구 주변에는 사람들로 북적거린다. 시가지가 항구와 연결되어 있어서인지 사람들이 항구 주변에 즐비하게 늘어선 카페에 앉아 담소를 나누거나 망중한을 즐기고 있다. 터키 사람들은 우리가 커피를 즐겨 마시듯이 차를 참 좋아하여 수시로 차를 마시면서 삶의 여유를 즐기고 있는 것 같아 보인다. 바쁘게만 움직이는 우리나라 사람의 눈으로는 좀 이해하기가 어려울 것이다.

시내에서 브레드 피트가 주연한 영화 〈트로이〉에 나오는 목마를 보고 차낙칼레 전투 기념관을 들어가 돌아보니 마음에 닿는 글이 있어 소개한다.

당신 아들을 먼 나라로 보낸 어머니들
눈물을 닦으라.
당신의 아들은 우리의 품속에 편안하게 누웠다.
생명을 이 땅에 바쳤기에 그들도 우리의 아들이다.

1934년 안작데이(4월 25일) 기념사 중에서 - 아타튀르크 -

샤르달예(Sardalye)라는 이름의 음식점

점심때가 되어 점심을 먹으려니 아들이 또 찾아둔 곳이 있다며 그곳에서 점심을 먹자고 했다. 따라가니 길가의 '샤르달예 Sardalye '라는 이름의 노천 음식점인데 식사시간이 되면 줄을 서서 기다리는 곳이었다. 여러 가지의 해산물 정어리, 홍합, 오징어 등등 을 튀겨서 빵에 넣어 주기도 하고, 따로 주기도 하는 간단한 음식을 파는 곳으로 사람들이 간편하게 먹을 수 있고 저렴하게 한 끼 식사를 할 수 있는 곳이었다.

거리를 거닐며 항구 일대를 구경하고 차낙칼레 군사박물관으로 갔다. 차낙칼레 군사박물관은 차낙칼레 시 중심부 치멘리크 요새에 있는 박물관으로 오스만투르크시대와 1차 세계대전 당시의 차낙칼레 지역에서 벌어진 주요 해전 海戰 에 관한 자료를 주로 전시하고 있으며, 해군 관련 유물 및 전함을 소장하고 있다. 치멘리크 요새는 술탄 메메드 2세 Mehmet II 가 다르다넬스 해협을 오가는 선박을 통제하기 위해 1452년에 세운 것으로, 매우 견고하여 1차 세계대전 당시에도 유용하게 활용되었다.

주요 전시물은 터키 해군 및 1차 세계대전 당시 최대 접전 가운데 하나로 꼽히는 겔리볼루 갈리폴리 전투에 관한 자료들이다. 겔리볼루 전투는 1차 세계대전 때 터키가 영국 프랑스의 연합군 함대와 겔리볼루반도에서 접전을 벌인 전투로 양측 모두 25만 명이 넘는 사상자를 낸 격렬한 전투 끝에 터키 군대가 승리했다. 이곳이 차낙칼레이기에 차낙칼레 전투라고도 하지만 정확히는 겔리볼루 갈리폴리 전투다. 이 전투는 열악한 조건의 터키가 거대한 연합군을 물리친 전투로 전쟁사에 기록되어 있는 유명한 전투다. 전투의 상세한 설명은 생략하고 그 당시 터키의 무스타파 케말대령 뒤에 아타튀르크가 됨 이 장병들에게 한 연설로 그 전투를 대신한다.

"우리가 무너지면 오스만 제국 본국이 무너지고, 우리가 이젠 노예가 되는 생활이 기다리고 있다. 제군들에게 미안한 말이지만 오늘은 살아남기 위해서 싸우는 것이 아

니라 죽기 위해서 싸워야 한다. 그러나 이는 개죽음이 아니다. 오늘 우리들의 죽음이
조국을 지키는 밑거름이 될 것이며 그대들 이름은 남을 것이다. 나 역시 여기에서 무
너지면 제군들과 같이 시체로 뒹굴고 있으리라."

차낙칼레 군사박물관에는 전쟁에 사용했던 군함 누스라트 Nusrat 호를 비롯해 적군이었
던 연합군의 함선이 야외 전시장에 잘 보존되어 전시되어 있다. 이 외에 당시 전투에서 사용
된 무기와 함포, 군함 모형, 군사 작전용 지도 등 다양한 해군 자료들이 전시하고 있다. 성채
안에는 이 주변에 있었던 여러 전쟁의 모습을 보여 주는데, 특히 차낙칼레 전투를 그들은 상
당히 자랑스럽게 여기기에 아주 상세하게 영상까지 동원하여 설명한다. 한 번쯤은 구경할
만하다.

이 박물관은 특이하게 해군에 의해 운영되고 있다. 입구를 들어가려니 관리를 하는 군인
들이 어디에서 왔는지 물어서 코리아라고 하니 반가워한다. 아마 그들이 한국전쟁에 참전
한 국가라 더 반가운 모양이다. 터키를 돌아다니며 한국에서 왔다고 하며 사람들이 참으로
반갑게 대해 주었다. 우리 한국전쟁에 그들이 참전했는데 우리가 더 고마워해야 하는데 오
히려 그들이 반가워한다.

박물관을 나와 거리를 돌아다니며 구경을 하다 카페에 앉아 한가로이 항구를 구경하며
오늘 보았던 트로이에 대해 아들과 이야기를 한다. 서로의 관심과 취향이 같다는 것이 여행
을 하는 데는 참으로 좋은 일이다. 사실 역사에 관심을 가질 수는 있지만 고고학적 유적이
나 유물에 관심을 가지는 사람들은 많
지 않다. 그런데 아들과 나는 좀 특이하
게 이런 점에 관심이 많아서 함께 여행
하면 이야기가 끊이지를 않는다.

치멘리크 성채

트로이를 구경하고 벅찬 감정을 제대로 추스르지도 않고 새로운 문명의 흔적을 찾아 베르가마로 왔다.

베르가마는 터키 이즈미르에서 북쪽으로 약 100㎞ 떨어진 인구 약 6만의 아담하고 평화로운 작은 도시다. 베르가마 Bergama 의 고대도시명은 페르가몬이며, 신약성경의 요한묵시록에도 페르가몬이라는 이름으로 나온다. 명칭은 가톨릭과 개신교가 약간 다르다.

이 도시의 유래는 트로이 전쟁 때로 올라가지만, 역사에서 중요한 등장은 알렉산드로스 대왕이 죽자 리시마쿠스가 베르가마 산의 정상에 성을 쌓고 아크로폴리스를 형성하면서 역사의 전면에 나타난다. 그 후 페르가몬 왕국시대로부터 로마, 비잔틴시대에 이르기까지 왕국의 중심지로서 산업과 무역이 활발하였고, 문화와 의학의 도시로 번창하였다. 당시 페르가몬의 앞선 문명은 그리스의 델피나 아테네의 건설에 영향을 끼쳤다고도 한다. 기원전 197년에 왕위를 이은 에우메네스 2세는 여러 건축물을 지었는데, 그중에 알렉산드리아 도서관을 모델로 한 페르가몬도서관을 건축하여 페르가몬을 문학과 학문의 중심지로 만들었다.

그러다가 기원전 133년 페르가몬은 로마에 이양되어 로마제국의 속주가 된다. 그 뒤 페르가몬은 인구 15만의 거대 상업도시로 번창하다가 차츰 쇠퇴하여 7-8세기경 아랍의 침입을 받아 소도시로 전락하여 그 후 오스만제국의 영토가 되었다.

또 베르가마에는 소아시아 초대 일곱 교회 중 페르가몬 교회가 있었던 곳으로 지금도 많은 기독교인들의 성지 순례 장소이기도 하며, 소아시아 최대 도시로 산꼭대기에 거대한 페르가몬 왕국의 유적이 보이는데 그 정상을 바라보노라면 마치 전설 속의 나라를 보는 것 같은 느낌이 든다.

레드 홀 전경

아침에 일어나니 날이 흐리다. 날씨가 어제는 아주 깨끗하고 맑았는데 하루 사이에 변화가 많다. 일기가 우리 마음대로 되지 않는 것을 어쩌겠는가. 여행을 하는 도중에 비를 만난 날이 하루 이틀도 아니라 비가 오면 오는 대로, 날이 맑으면 맑은 대로 여행을 계속할 뿐으로 비가 오지만 우리의 여행은 계속된다.

먼저 숙소에서 가장 가까운 곳에 있는 레드 홀로 가기로 하고 걸어간다. 이곳은 우리 숙소에 아주 가까이 있어 걸어가도 되는 거리였다.

성지 순례자들이 소아시아 7대 교회의 하나인 페르가몬 교회로 찾아오는 레드 홀 일명 크즐 아블루 은 처음에는 태양의 신 세라피스를 위한 신전이었는데, 신전의 레드 홀 Red Hall 이 오늘날 우리가 볼 수 있는 교회의 유적으로 남아 있다. 사실 이 신전은 2세기에 로마 하드리아누스황제가 건설한 것으로 이집트의 신 세라피스, 이시스, 하르포클라스 등 고대 이집트 신을 모셨던 곳이다.

뒤에 그리스도교 공인 후에 페르가몬 기념교회로 바뀌었고, 비잔틴시대에는 사도 요한 교회로 사용되었다. 붉은 벽돌로 지어져 '붉은 정원'이란 뜻의 '크즐 아블루'라고도 불리는

(위) 이집트 신화에 등장하는 암사자 머리를 한 파괴의 여신 세크메트(Sachmet) (아래) 레드 홀 벽

가로 100m 세로 260m에 높이도 20m 정도 되는 초대형신전으로 규모가 매우 웅장하였으나, 지금은 대부분이 소실되어 건축물의 벽채만 남아 있다. 하지만 그 벽채의 모습만으로도 이 신전의 규모를 가히 짐작할 수 있었다.

요한묵시록 2장 12절~13절에 페르가몬 신자들에게 보내는 말씀에 "나는 네가 어디에 사는지를 안다. 곧 사탄의 왕좌가 있는 곳이다. 그렇지만 너는 내 이름을 굳게 지키고 있다. 나의 충실한 증인 안티파스가 사탄이 사는 너의 고을에서 죽임을 당할 때에도 너는 나에 대한 믿음을 저버리지 않았다."한국천주교주교회의 번역 성경 고 기록하고 있다. 당시 페르가몬 교회의 교인들은 신전이 산재해 있는 도시, 우상 숭배가 극심한 상황에서 순교자를 배출하였고, 신도들이 끝까지 그리스도의 신앙을 저버리지 않았음을 말해 준다. 여기서 순교한 안티파스는 페르가몬 교회의 초대 감독으로 추측된다. 그러나 지금은 이 건물의 일부가 이슬람 사원으로 사용되고 있다. 신전에서 교회로, 다시 이슬람 사원으로 역사의 부침에 따라 종교의 변화 추세를 보여주는 곳이다.

거대한 신전을 구경하고 어디부터 먼저 가느냐를 아들과 의논하여 아크로폴리스로 가기로 하고, 비가 오는 거리를 구경하면서 걸어서 아크로폴리스로 갔다. 산 위의 아크로폴리스에는 걸어 올라가는 길도 있으나, 시간도 많이 걸리고 더구나 비가 제법 많이 내려 케이블카를 타기로 했다. 케이블카를 타고 가면 10분도 걸리지 않는데 걸어가면 한 시간도 더 걸린다.

아크로폴리스는 고대 그리스 도시국가에서 가장 중요한 요새를 말하는 것으로 아크로는 높다는 뜻을 가졌다. 산 위에 세워진 왕궁, 아크로폴리스는 경사가 심한 언덕 위에 세워졌다. 지형적으로 천연적인 요새임을 말해주는 산 위에 오르니 베르가마 시내가 한눈에 들어온다. 산 정상의 가파른 언덕 끝에 위치한 아크로폴리스는 쉽게 접근할 수 없는 성채의 인상을 강하게 풍기고 있는데, 고대에는 적들에 의해 점령당한 적이 한 번도 없었다고 한다.

산 정상의 아크로폴리스는 비록 지진과 전쟁으로 많이 파괴되어 기둥이나 기단만 남아있는 유적이 많으나, 아테네나 알렉산드리아에 비교될 정도로 엄청난 규모의 사원과 신전, 그리고 도서관 등이 건설되어 헬레니즘 문화의 중심지가 된 곳이었다. 특히 20만권 일설에는 50만권의 장서가 있었다는 도서관이나, 만 명 이상을 수용할 수 있다는 야외극장을 볼 때 소아시아 최대 도시로 일컫는 페르가몬 왕국의 위용을 상상할 수 있었다.

아크로폴리스의 많은 신전은 페르가몬 왕국의 화려했던 영광을 말해 주고 있고, 고대에 지어진 웅장한 도서관은 신전 바로 옆에 있다. 낮은 테라스에 제우스신전이 있던 장소에는 몇 그루의 나무만이 서 있고, 아크로폴리스의 헬레니즘 극장이 위용을 자랑하며 있는 모습

죽은 자에게 용납된 신사 또는 예배소였던 헤로온(heroon)

제우스신전터

은 장관이다. 그리고 아크로폴리스 수많은 신전을 보면서 아무리 '신들의 나라'라고 하지만, 어떻게 이토록 많은 신전들을 지어 신들에게 봉헌했을까? 하는 궁금증은 쉽게 풀리지 않는다. 그리스 사람들은 영웅들이 죽으면 그들을 신격화하여 숭배했는데, 이 영웅들을 위해 지은 건물을 헤로온이라 일컫는데 이곳의 헤로온은 아틸레스 1세와 에메네우스 2세를 숭배하기 위해 지었다고 한다.

페르가몬의 대제단은 제우스 Zeus 를 숭배하기 위해 기원전 164년~156년에 세운 것이다. 하지만 지금 이곳에는 무상한 세월을 이야기하는 몇 그루의 나무만이 이 현장에서 옛날의 영화롭던 자취를 지키고 있다. 대제단과 이곳에서 발굴된 유물은 모두 베를린 페르가몬박물관에 있다. 역사학에 관심이 많았던 독일인 칼 휴만이 우연하게 이곳을 발굴하여 모두 독일로 가져갔다.

페르가몬 유적 발굴은 당시 독일이 국가적으로 추진하던 대사업이었다. 독일제국의 초대 제상 비스마르크는 독일을 강대국으로 만들기 위해 문화정책에 역점을 두었다. 이에 페르가몬 대제단과 대제단을 둘러싼 프리즈를 전시할 공간을 새로 건축했다. 그 공간이 바로 베를린에서 가장 많은 방문객을 자랑하는 페르가몬박물관이다. 베를린에 있는 페르가몬 대제단의 계단을 올라가면 위에는 제단 회의실 Altar Chamber 이 있다고 한다. 전시관의 대제단은 높이 9.6m에 둘레는 36.4m에 이르며, 프리즈 Frieze·고전 건축에서 기둥머리가 받치고 있는 세 부분 중 가운데 의 총 길이는 113m라고 한다.

언젠가는 베를린에 가서 페르가몬박물관에서 아크로폴리스의 진짜 유물을 보는 것이 나의 버킷리스트에 들어가 있어 그날이 오기를 간절하게 기다려 본다.

제우스신전 대제단 터를 뒤로 하고 내려가서 야외극장 쪽으로 발길을 돌린다. 가는 도중에 여러 유적들이 길가에 뒹굴고 있는 좁은 길을 따라 계속 가니 거대한 극장이 나온다.

에우메네스 2세가 건립한 약 1만석 이상의 규모를 자랑하는 야외극장으로 약 80열의 관객석은 가파르게 경사가 진 것도 특징이다. 이 극장은 음향시설이 아주 뛰어나게 갖추어져서 무대에 선 배우가 보통의 목소리로 말해도 맨 위의 관객이 똑똑하게 들을 수 있었다고 한다. 또 막힘이 없이 앞이 탁 트이어 일대를 조망할 수 있는 곳에 극장이 있어 관람을 하기에는 일품이었을 것이라 생각되었다.

이 극장을 중심으로 여러 유적지를 쉽게 갈 수 있게 극장의 맨 위에는 극장으로 내려가는 통로가 있다. 나는 극장 아래에서 올라 왔기에 처음에는 몰랐으나, 여러 곳을 돌아다니다

(위) 원형야외극장 (아래) 페르가몬 도서관

보니 여러 신전에서 극장으로 통하는 길이 있었다. 극장 위에는 디오니소스신전, 아테네신전, 제우스신전, 트라이아누스신전 등이 극장을 둥글게 싸고 있는 구조다.

이번 여행을 하면서 나는 그리스와 터키에서 많은 극장을 보고 매료되었다. 수많은 건축물과 유물을 보았고, 문화사적으로 중요한 유적지나 건축물들을 보았으나 아직도 나의 머리에 가슴에는 극장의 모습이 강하게 남아 있다. 원형극장의 무엇이 나를 사로잡았을까? 하고 생각해 보니 아무런 이유도 없다. 그저 내 마

음에 들었을 뿐이다.

　페르가몬 도서관은 장서가 20만이 넘게 있었다는 큰 규모라고 전하는데, 그 당시에 20만 권이나 되는 장서를 가졌다는 것이 사실 믿어지지 않는다. 인쇄술이 발달한 오늘날도 웬만한 도서관의 장서가 20만 권이 되기가 어려운데 종이도 제대로 만들지 못하고 파피루스에 글을 적었고, 이집트가 파피루스의 수출을 금지하자 양피지를 꿰매어 책을 만들었다 하는데 20만 권은 도저히 믿을 수 없는 일이고, 지금은 도서관의 자취를 조금도 엿볼 수 없어 아쉬웠다.

　현재 이 아크로폴리스에는 복원 작업이 계속되고 있는데 트리이아누스신전은 아크로폴리스의 가장 높은 곳에서 페르가몬 왕국의 상징적 건물로 자리하고 있다. 원래는 18m 높이의 기둥이 54개가 있어 지붕을 받치고 있었다 하는데 현재의 것은 발굴 도중에 다시 세워진 것이다.

트리이아누스신전

이 거대한 규모의 아크로폴리스를 세세하게 돌아보기에는 시간이 너무 모자란다. 더구나 비가 오고 바람도 불어 폐허와 같이 보이는 여러 왕궁 터와 아테네신전 터 등을 눈으로 보고 길을 따라 내려오니 너무나 먼 과거 여행을 한 것 같다. 이곳에는 시간의 통로가 있어 페르가몬왕국이 나를 과거로 이끌어가는 느낌이 들 정도로 매혹적인 곳이었다.

아크로폴리스를 내려오니 비가 제법 세차게 온다. 길가에서 차를 기다리고 있으니 간이정류소 같은 곳에서 동네 노인들이 천막을 치고 천연 꿀을 팔고 있으며 들어오라고 한다. 비를 피하기 위해 들어가, 그들에게 부탁하여 택시를 부르고 우리 우유팩 정도의 꿀을 한 병 구입했는데, 값이 얼마냐 하면 우리 돈으로 3,000원 정도였다. 너무나 싼 천연 꿀로, 이 꿀은 여행 도중에 우리가 저녁에 피로를 푸는데 요긴하게 사용되었다.

(위) 승리의 여신 니케 (아래) 대리석 부조

택시를 타고 간 곳이 현재 페르가몬 유적과 부근의 여러 유물이 전시되어 있는 베르가마 고고학박물관이다. 그러나 베르가마고고학박물관에는 헬레니즘 예술의 정수를 보여주는 페르가몬 조각이 거의 남아 있지 않다. 1871년 발굴을 시작한 독일 발굴단이 유물 거의 전부를 독일로 가져가 현재 베를린 페르가몬박물관의 자랑거리로 보여 주고 있다. 그러니 이곳에서는 안타깝게도 아크로폴리스의 가장 중요한 제우스신전과 유물을 우리는 보지 못한다. 우리가 보는 것은 발굴 당시의 사진과 모형뿐으로 실제의 제우스신전과 유물을 보려면 베를린에 가야 한다. 하지만 그 후에 페르가몬 및 그 주변에서 출토한 고대유물은 베르가마 고고학박물관에 수장되어 있다.

이곳의 유물 중에는 승리의 여신 니케와 아스클레피온에게 바치는 황금 귀 등이 대표적이다. 그리고 민속학 파트에서는 베르가마의 특산품 카펫 등을 볼 수 있다.

박물관을 나오니 비가 그쳤다. 비가 그치고 조금 있으니 맑은 하늘이 나타난다. 길을 따라 걸으며 아크로폴리스에서 마주 보였던 아스클레피온으로 간다.

아스클레피온 세계 최초의 종합병원

아스클레피온이라는 이름은 그리스 신화의 의술의 신 아스클레피오스 Asclepius 에서 유래하며, 그에게 봉헌된 신전으로 처음에는 신전의 기능만 했으나 이 지역 출신의 의사이자 알렉산드리아, 그리스 등지에서 의술을 익힌 갈렌 Galen 에 의해 의료 시설로 명성을 얻게 되었다. 세계 최초로 정신요법을 중심으로 한 치료 방법을 이용하여, 현대적 의미로 일반 치료는 물론 명상요법, 음악요법, 목욕요법, 심리요법, 운동요법, 일광욕, 맨발걷기요법 등의 다양한 치료 및 해몽을 통한 심리 분석이 이곳에서 시술되었다고 한다. 그 당시에 환자들에게 이처럼 다양한 요법의 치료 방법을 이용했다는 것은 참으로 놀라운 일이다.

이곳의 입구에는 '신의 이름으로 말하노니 죽음은 이곳에 들어갈 수 없다.'라는 글이 쓰여 있었다고 하며, 수백 년 동안 공식적으로는 단 한 명의 사망자도 나오지 않았다고 말하니 무어라 말을 할까?

성스러운 길

아스클레피온으로 들어가는 성스러운 길은 폭 20m 길이 820m로 길게 뻗어 있으며, 길 양편에는 15m의 석주가 세워져 있어 거대한 도시국가로 들어가는 것 같은 느낌을 준다고 했는데, 지금은 약 150m의 일부 흔적만 남아 있다. 성스러운 길이 끝나는 곳에는 뱀 조각이 새겨진 원기둥의 기단이 있다. 허물을 벗는 뱀은 과거의 병이나 아픔을 벗어 버리고 새로운 생명의 탄생을 뜻한다고 한다.

신전의 전체 규모는 남북으로 250m 동서로 200m에 달하며, 중앙 건물은 동쪽을 제외한 모든 면이 회랑으로 둘러싸여 있다. 내부에는 아스클레피오스신전, 회복의 신 텔레스포루스신전, 도서관, 목욕탕 등이 있으며, 건물 북쪽 회랑 바깥으로 음악요법을 진행하던 작은 로마 원형극장이 있다. 광장 가운데에는 당시 치료에 사용한 '성스러운 샘물'이 남아 있고, 치료실의 남쪽에는 일광욕을 위한 테라스와 수로가 설치되어 있으며, 동쪽 면은 페르가몬 시가지로 향하는 대로로 이어져 있다.

(위) 제우스신전 (아래) 지하통로 입구

(위) 성스러운 샘 (아래) 음악요법으로 환자를 치료하기 위한 극장 전경

이곳의 병원 건물은 지진으로 대부분이 파괴되었으나 아직 남아 있는 잔해로만 보아도 웅장한 규모였음을 한눈에 짐작할 수 있다. 1967년에 발굴된 이 건축물들은 기원전 4세기 무렵에 건축된 것으로 알려져 있고, 기원 후 4세기 무렵까지 약 800년간 소아시아에서 의료의 중심지 역할을 하였다고 한다. 의학의 아버지 히포크라테스도 이곳에서 일했다고 하니 보통의 병원은 아닌 게 분명했다.

베르가마는 비록 지금은 폐허가 되어 있으나 옛 페르가몬왕국의 영화로운 흔적을 잘 보여 주고 있다. 세월의 흐름은 모든 것을 뛰어 넘는 것 같다. 아무리 번창하던 도시라도 세월은 어쩔 수 없는 것이다. 역사의 흐름도 있지만 잦은 자연의 변화로 도시가 무너지고 파괴되며 흙더미에 감추어진다. 하지만 인간은 위대하다. 신화로만 알려지거나, 혹은 아련하게 역사로 전해질 뿐인 이야기를, 위대한 인간은 그것을 진실로 알고 도전하여 새로운 사실을 밝혀내었다. 그들의 노고에 의해 발굴된 역사의 현장인 유적을 보통의 우리는 그저 보고 즐길 뿐이다.

트로이나 크노소스, 미케네 또 이 페르가몬 모두 역사적 사실로 인식하고 그들의 꿈을 실현한 사람들의 공로다. 물론 그들을 발굴을 폄하하는 의견도 있지만 우리는 그들의 공로를 인정해야 한다.

페르가몬의 위대한 유적지를 보고 마치 꿈을 꾸듯이 먼 과거의 시대로 여행을 하면서 느낀 점은 '왜 우리나라에는 잘 알려지지 않았을까?' 하는 의문이다.

이즈미르 스미르나

거대한 아고라의 도시

거대한 아고라의 도시

베르가마를 떠나 이즈미르로 오니 비는 계속해서 왔다가 그치기를 반복한다.

사람이 살기 좋은 기후와 지리적 조건으로 옛날부터 이민족의 침입과 정복이 반복된 터키 서부의 이즈미르 Izmir 는 인구가 약 300만 가까이 되는 에게해에 접한 터키 제 3의 대도시로 고대명은 스미르나 Smyrna 다. 신약성경 요한묵시록에서도 언급되는 스미르나는 소아시아 7대 교회 중 한 곳으로 초기 그리스도교 역사에는 의미가 깊은 곳이다.

이즈미르는 B.C. 3,000년대 전반부터 발전한 도시로 북쪽의 트로이와 함께 당대 소아시아 서부에서 중심지 역할을 하였다. B.C. 10세기 이후에 그리스인이 이주하여 그리스의 식민도시였고, B.C. 627년 리디아의 공격으로 멸망하였다가 이후 알렉산드로스대왕이 새로 성채를 짓고 사람들을 이주시키면서 스미르나라는 이름이 붙었다 한다.

이즈미르가 가장 번성한 때는 로마의 자유도시로 존재한 기원전 1세기 무렵이다. 178년과 180년에 대지진에 휩싸여 이즈미르는 큰 피해를 입었으나, 마르쿠스 아우렐리우스의 명에 따라 다시 살아나게 되었다. 그 뒤 역사의 변화에 따라 부침을 계속하다가 1차 세계대전 직후 이 지방에 침입한 그리스 군에 의해서 파괴되고 그리스 땅이 되었으나 터키 독립의 아버지인 무스타파 케말 파샤 아타튀르크 의 노력으로 1923년 터키에 반환되었다. 현재는 터키에서 제일 큰 수출무역항으로 활기를 띠고 있다.

1948~51년 쿠크 J.Cook 와 아쿠르갈 E.Akurgal 이, 1966년 이후는 아쿠르갈에 의하여 고고학적인 발굴이 행해졌다. B.C. 9세기 무렵부터 AD 6세기까지의 건축, 미술의 중요한 자료가 되는 출토품의 대부분은 시내의 고고학박물관에 있다. 2세기 중반에 세워지고 178년의 지진 뒤 재건된 시내에 있는 고대의 아고라에는 대리석의 열주, 포세이돈과 데메테르의 상 등이 발굴되었고, 파구스의 언덕에는 알렉산드로스 대왕의 장군이 축조한 성채가 있다. 호머의 출생지로도 알려져 있다.

아침부터 비가 제법 내리며 항구도시라 바람이 제법 거세게 분다. 시내를 제법 걸어 먼저 이즈미르의 자랑거리인 아고라로 갔다. 고대의 멀티프렉스였던 알렉산드로스대왕 시절의 아고라는 3층 규모에 가로가 200m, 세로가 170m의 크기로 엄청난 위용을 자랑했다. 아고라에는 자유로운 민중집회의 상설토론장과 다양한 실내점포들이 건물 한편을 차지했고, 건물 오른쪽에는 사법부가, 그 반대편에는 종교집회장이 마련돼 종교, 문화, 행정이 어우러진 복합적인 기능의 장소였다. 하늘을 찌를 것 같은 대리석 열주들은 아고라 건물 앞에 쭉 늘어져 서 있으며, 그 아래로 아치형 지붕들이 정교하게 이어져 있다.

아고라는 거대한 크기뿐만 아니라 기능적인 면에서도 지금도 우리를 놀라게 하고 있다. 2,000년 전에 설치된 하수 시설은 지금도 작동에 문제가 없으며, 물론 식수로는 사용할 수 없지만 지금 수도꼭지를 돌리면 물이 나올 정도로 상수도도 정상적인 기능을 유지하고 있다. 또 건물 곳곳의 지붕에는 구멍이 뚫려 있어 자연채광과 함께 실내 환기를 도와주는 기능을 한다.

(위) 멀리서 보는 열주들
(아래) 열주 앞의 아치

(위) 지금도 물이 나오는 수도
(아래) 아치가 쭉 늘어서 있는 아름다운 모습

178년 발생한 대지진으로 폐허가 되었다가 마르크스 아우렐리우스황제의 부인인 파우스티나가 재건하였는데 파우스티나의 얼굴을 새겨놓은 아치가 지금도 남아있다.

최근 본격적인 발굴 작업을 진행하면서 이즈미르 고대도시가 서서히 그 위용을 드러내고 있지만 아고라에서 생활했던 사람들은 모두 시간 속에 사라져 버렸다. 하지만 쉬지 않고 물을 쏟아내는 식수대와 같이 지금도 이즈미르는 유구한 역사를 토해내고 있다.

남아있는 건축물 중 가장 아름다운 것은 아고라 동서 양면에 있는 17.5m 높이의 2층 회랑 및 서쪽 회랑의 두 번째 아치에 있는 마르쿠스 아우렐리우스황제의 황후 파우스티나 Faustina 의 흉상이라고 하나 철조망으로 막아 놓아 볼 수 없었다.

거대한 아고라에서 쭉 늘어선 열주와 아치로 이루어진 아름다운 통로 등등을 보고 비 오는 거리를 조금 걸어가니 이즈미르에서 가장 크고 오래된 시장 지역인 아나팔탈라르 거리가 시작되고 이 거리를 쭉 지나가면 서쪽의 코낙광장으로 나간다. 사실 시장은 우리나라 시장보다 화려하다거나 크지는 않지만 이 도시에서 터키의 여러 물건을 팔고 있는 오래된 거리 겸 시장이기에 구경하고 광장으로 나가니 비는 아직도 오고 있다.

이 조그마한 광장은 터키 역사에서 매우 중요한 장소로, 그리스와의 전쟁의 첫 총성이 울린 곳이며, 터키

(위)(가운데) 아고라의 유물
(아래) 알렉산더대왕의 꿈(네메시스 여신의 현몽) 설명

공화국이 시작된 장소로 해마다 10월 29일에 터키공화국 건국기념행사가 열리는 곳이다. 시계탑은 1901년에 세워졌는데 네 방향의 시계는 1차 세계대전의 동맹국인 독일이 선물한 것이다. 옆에는 조그마한 자미가 있고, 목숨을 걸고 침략을 막은 터키 시민을 기리는 동상도 있다. 바다에 바로 접해 있어 풍경이 아주 좋다는데 오늘은 비가 오고 있어 그 풍경을 제대로 즐기지 못했다.

광장을 벗어나 이즈미르고고학박물관으로 갔다. 이즈미르고고학박물관 Izmir Arkeoloji Müzesi 은 터키 이즈미르 시 코낙 Konak 지구에 1927년 설립되어 1984년 현재의 위치로 옮긴 박물관으로 인근 이즈미르 아고라 등과 소아시아 지역의 그리스, 로마 유적지에서 발굴된 약 1,500점의 유물들을 소장하고 있다.

그리스와 로마시대의 대형 동상과 석조 흉상, 부조 등이 1층 전시 홀과 박물관 입구인 중간층, 정원에 전시되어

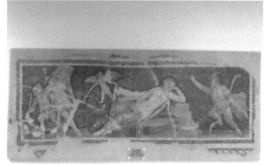

(위) 광장의 시계 (아래) 나의 발을 멈추게 했던 벽화

있다. 이 유물 중에 아고라에서 발굴된 포세이돈, 데메테르, 아르테미스 동상이 제법 유명하고, 위층에는 이아소스에서 발굴된 B.C. 3세기경 도자기를 비롯해 여러 유물들, 그리고 복원된 B.C. 3세기 무덤 등이 있고, 그 중 청동으로 제작된 운동선수의 전신상이 유명하다. 3층 전시실에는 여러 보석 세공품, 그리스와 로마시대의 동전, 데메테르 청동 조각 등도 볼

수 있다.

　고고학박물관과 경내에 마주 보고 있는 건물이 민속학박물관으로 모르고 그냥 지나칠 수 있는데 한번 구경할 만하다. 19세기 초 병원으로 사용되던 건물에 터키의 전통복장과 집

(왼쪽 위) 운동하는 전신상　(오른쪽 위) 테메테르 여신상
(왼쪽) 아래 포세이돈상　(오른쪽 아래) 아산쇼르 전경

안 모습, 나자르 본주우나 카펫 등을 만드는 장인의 모형들도 볼 수 있다.

해안가 식당에서 점심을 먹고 시내를 걸어서 이곳저곳을 구경하고 다녔다. 터키 제 3의 도시라 현대화된 건물이 곳곳에 서 있고, 또 시내 곳곳에 건물을 짓고 있는 한참 개발이 진행 중인 도시였다. 거리를 걸어 다니다가 지하철을 타고 아산쇼르로 갔다.

아산쇼르는 유대인 부호인 네심 레비가 1907년에 만든 엘리베이트 전망대이다. 처음에는 부근 주민들이 낮은 지대에서 높은 지대로 걸어서 올라가는 노고를 덜어주기 위해서였는데, 지금은 관광전망대로 더 유명하다. 이 전망대에서는 이즈미르 일대를 볼 수 있지만, 솔직히 말하면 그렇게 돈을 주고 전망대에 들어갈 필요는 없다고 생각한다. 그 주변에 다른 전망대도 있고, 주변의 카페에서 보는 전망과 동일하고, 또 뛰어난 절경이 있는 것도 아니다.

아산쇼르 카페에서 차를 한잔 마시고 내려와 지하철로 숙소로 돌아왔다.

다시 파묵칼레로 이동을 해야 한다. 우리 스스로가 찾아다니는 여행을 하니 짐을 풀었다가 또 짐을 사서 이동하는 일정이 그렇게 편안하지 않고 상당히 피곤한 일이다. 하지만 터키는 땅이 너무 넓어서 한 곳에서 머물면서 다른 곳의 유적을 보려면 매우 긴 길을 가야 한다. 더구나 우리나라와 같이 생각하면 오산으로 교통이 우리가 생각하는 것보다 발달되어 있지 않다. 이곳의 교통은 한 100km 정도 떨어져 있으면 적어도 세 시간 이상 걸리기에 보아야 하는 유적지가 가까운 도시로 이동을 자주 할 수밖에 없다.

파묵칼레

아프로디시아스 **아프로디테에게 바친 도시**

이즈미르에서 다섯 시간 정도를 기차를 타고 데니즐리에 도착하여 돌무쉬를 타고 파묵
칼레로 갔다. 밤늦게 숙소에 도착하여 짐을 풀고 저녁을 먹으려고 나가니 대부분의 음식점
이 문을 닫고 있어 겨우 조그마한 음식점을 찾아 물으니 영업을 한다고 하여 끼니를 때웠다.
숙소로 돌아오면서 맥주를 사려고 하니 쉽지가 않다. 터키는 다른 이슬람국가에 비해 주류
에는 좀 여유로운 편이지만 우리나라와 같이 아무 곳에서나 주류를 팔지는 않는다. 그래서
몇 군데 슈퍼를 돌아 겨우 맥주를 몇 캔 구입하여 숙소에 돌아와 아들과 한잔하면서 피로를
풀었다. 몇 일간은 짐을 풀어 놓고 있을 수 있는 것이 여간 마음이 편안한 것이 아니다.

다음 날 아침에 일어나 로비로 나가니 한국의 젊은이가 한 명 보였다. 물어보니 오늘 아
침에 도착했고 다른 한국의 젊은이 몇 명이 오후에 온다고 한다. 잠시 젊은이와 이야기를 하
다가 파묵칼레에서의 일정은 최근에 알려진 아프로디시아스 Aphrodisias 를 찾아가 돌아보는
것으로 시작하기로 했다.

테트라필론 위의 조각

아프로디시아스는 파묵칼레에서 100㎞ 정도 멀리 떨어져 있어 교통편이 여간 어렵지 않다. 대중교통이 있지만 자주 다니지도 않고 너무 느리기에, 아들과 나는 시간을 아끼는 것을 최우선으로 생각했고, 수차 말한 것같이 차량의 대절비가 그렇게 비싸지 않기에 왕복 200리라 약 60,000원 에 우리가 유적지를 돌아보고 원하는 시간에 데리러 온다는 조건으로 계약하고 개인영업용 차를 타고 갔다.

아프로디시아스를 가는 도중의 길에 전방 10m도 보이지 않는 안개가 자욱하게 끼어 나는 제법 겁이 났는데, 기사는 항상 다니는 길인지 능숙하게 차를 몰고 갔다. 약 2시간이나 걸려 아프로디시아스 유적에 도착하여 오후 3시 경에 데리러 오라고 하고 유적을 돌아보기 시작했다.

현재 이름이 게이레 Geyre 로 터키 남서부에 위치한 고대도시 유적 아프로디시아스는 20세기 초에 수차 발굴이 시도되었으나 전쟁으로 무산되었다가 1961년부터 뉴욕대학 에림 Kenan T.Erim 교수에 의하여 발굴이 진행되었으며 지금도 발굴 중이다. 도시 유적 중심에 있는 아프로디테신전은 하드리아누스제 시대의 것인데 6세기에 비잔틴 성당으로 전용됨으로 인해 많이 개조되었다. 아프로디테신전은 기원전 3세기에 건축되었고, 그리고 1세기 뒤에

아프로디시아스 모형도

도시가 건설되었다.

　유적 북단에는 약 3만 명을 수용할 수 있는 거대한 규모의 스타디움이 잘 보존되어 있고, 유적지 내에는 오데온, 하드리아누스의 욕장, 엄청난 규모의 극장, 티베리우스황제의 포르티코 주랑 현관, 바실리카, 사교관 등등 여러 건물이 있다. 특히 이 지역은 질 좋은 대리석이 많이 생산되어 로마시대 조각의 원형이 대부분 이곳에서 만들어졌다고 한다. 아프로디시아스파라고 불리던 조각가들은 북아프리카 레프티스 마그나에서 서단까지, 이탈리아 등에서 활약하였다고 한다.

　아프로디시아스는 로마제국에서 가장 사랑받는 도시였다. 왜냐하면 로마를 건설한 트로이의 아이네이아스가 아프로디테의 아들이었고, 로마황제들은 그의 자손임을 칭했으므로 아프로디테는 그들의 어머니가 되기 때문이다. 그래서 기독교가 공인된 이후에도 이곳에서는 여신숭배가 계속되어 유지되었으나, 비잔틴시대 이후에 기독교에 의해 아름다운 조각들과 건물이 파괴되고 쇠퇴했다. 그러다가 지진과 셀주크 제국의 공격으로 큰 타격을 입고 사라진 도시로, 이 유적이 발굴된 것도 비교적 최근이고 유네스코에는 2017년에 등재된 아직

메두사가 그려진 석관

은 사람의 손때가 비교적 묻지 않은 유적이다.

　아프로디시아스로 들어가는 입구는 고대 그리스 당시 만들어진 석관들로 쌓여 있는데 석관 사방에는 메두사의 얼굴이 새겨져 있다.

　메두사는 정면으로 보는 즉시 돌로 변하게 만든다고 하는 저주의 화신으로 석관을 부수거나 안의 물건을 훔쳐가지 말라는 경고다.

　테트라필론은 아프로디테신전 동

쪽에 있는 기념문으로 아프로디시아드의 상징이 될 만한 건축물이다. 테트라필론이란 사방의 방향으로 문이 모두 있다는 뜻으로, 폐허가 된 신전에 비해 거의 완전하게 복원된 모습으로 4개의 원기둥이 세워져 있다. 지금의 테트라필론은 당시 세웠던 원본을 발굴하여 원래의 자리에 거의 완전히 복원하였다고 한다. 이 건축물을 보는 순간 나는 잠시 멍해졌다. 그리스와 터키를 여행하면서 고대 건축물을 많이도 보았고, 감탄도 하였는데 이 건물의 아름다움을 어느 곳에서도 비교할 수가 없는 것 같았다. 참 거대하면서 웅장하고, 아름다운 조각과 조형미를 무어라 말하기가 어렵다. 그저 눈으로 보고 감탄만 할 뿐이다.

(위)(가운데) 테트라필론
(아래) 케난 에림(Kenan T.Erim) 교수의 무덤

테트라필론 근처의 하얀 대리석 무덤은 이 유적지를 발굴한 케난 에림 Kenan T.Erim 교수의 무덤이다. 그는 1959년 우연히 이곳에서 신전의 기둥 하나를 발견하고 일생을 숙명처럼 아프로디시아스의 발굴에 쏟았다. 아프로디시아드를 발굴한 공로로 터키 정부가 유적지 안에 무덤을 만들 수 있게 허락하여 이곳에 그의 무덤이 있다. 아프로디시아스와 영원히 함께 살고 싶었던 그의 소망이 이루어져 그는 1990년 이후에 영원히 이곳에 살고 있다.

도시의 수호신인 아프로디테를 위한 신전은 이 도시에서 가장 성스럽게 여긴 건물이다.

하지만 지금은 안내판이 없다면 그냥 지나칠 수밖에 없는 유적지다. 12세기의 지진으로 폐허가 된 곳에 지금은 높은 기둥이 14개 늘어서 있지만, 미의 여신 아프로디테를 떠올릴 만한 그 어떤 흔적도 남아 있지 않다. 4세기 로마가 기독교를 국교로 받아들이면서 아프로디테 신전은 철저히 파괴되고, 5세기 말에는 교회로 전용되고 관련 유적이나 유물은 전부 말살된다. 기독교가 우상숭배라는 차원에서 그리스 신화 속의 유적들도 파괴한 일이다. 신전의 서쪽에는 나르텍스 고대 기독교 교회에서 본당 입구에 짓는 넓은 홀 , 동쪽에는 기독교 성화가 그려진 아프시스 교회당 동쪽 끝에 튀어나온 반원형 부분 가 지어졌고, 신전 정원에는 무덤이 만들어지면서 중요한 유적이 파괴되었다. 현재 이슬람국가의 고대 유적 파괴 문제가 세계적 뉴스로 취급되고 있지만, 기독교가 종교라는 이름으로 4세기 이후 파괴한 유적은 21세기를 조족지혈로 여길 정도로 엄청났다.

스타디움은 약 30,000명을 수용했다고 하는 엄청난 크기의 로마식 경기장으로 현재 터키에 남아 있는 경기장 가운데 가장 크다고 한다. 길이가 약 270m, 폭이 약 60m인 타원형 경기장으로 현대의 경기장과 비교해도 전혀 손색이 없고 이 경기장 관중석 어디에서나 경기

아프로디테신전

스타디움

장이 잘 보이게 설계되어 있다. 그 당시에 이 조그마한 도시에 이런 거대한 경기장이 왜 필요했는가? 아마도 각 지방에서 참가한 선수들이 아프로디테를 경배하는 경기를 열었을 것이다.

하드리아누스의 욕장은 2세기경 하드리아누스황제가 이곳을 다녀간 기념으로 건설한 욕장이다. 남자와 여자를 분리하여 탈의실과 냉탕과 온탕을 갖추었고, 대리석으로 만든 풀장도 있는 당시의 인구로 볼 때 거대하고 화려한 욕장이다.

남쪽 아고라는 '티베리우스황제에게 바친다'라는 비문이 있어 '티베리우스의 주랑'이라고도 불린다. 넓은 공간의 가운데에 있는 저수지는 길이가 약 260m, 폭이 약 25m에 깊이가 1.2m로 하드리아누스 욕장을 위한 물 저수지로 사용되었으며, 홍수를 통제하기 위해 물을 저장하는 곳으로도 사용되었다 하지만 아직 완전히 발굴되지 않아 정확한 용도를 알 수 없고 짐작만 할 뿐이다.

기원전 1세기 무렵에 시작하여 기원전 27년에 완공하였다는 극장은 약 8,000명 수용이 가능하다고 한다. 아프로디시아스의 최전성기의 인구는 2만 명 정도라고 전하는데, 원형극

(위) 남쪽 아고라(티베리우스의 주랑)　(아래) 극장의 모습

장에서는 오락이 아니라 신에 대한 의식과 모두가 함께 공유해야 할 가치와 상식을 공연하였다고 한다. 오이디푸스 신화와 같은 교훈극이 당시의 연극이었으니 그리스 연극은 시대를 넘어서 인간 모두에게 전해질 교훈이자 상식이라는 생각이 들었다.

이 극장은 케난 에림 교수가 발굴을 결심했을 때는 마을이 위에 있었는데, 1966년 이 마을을 이주시키고 본격적인 발굴을 하였다. 마을이 있었던 덕분에 극장의 원형이 거의 고스란히 보존되어 있었고, 많은 조각과 비문들을 발견하였다. 비문의 내용에 의하면 많은 유물이 있어야 하나, 비잔틴시대에 기독교로 변하는 과정에서 아마 거의 대부분이 없어져 버린 것 같다. 아프로디시아스의 원형 극장은 다른 지역의 극장과는 달리 등받이를 갖춘 의자 좌석으로 관람하기 편한 앞줄과 한 가운데 특별석이 많다.

아프로디시아스 입구에서 왼쪽으로 100m 정도 들어가면 보이는 약 10m 높이의 거대한 기념 건물이 눈에 들어온다. 그리스 신화에 등장하는 각종 신의 모습과 더불어 로마황제 네로의 조각품도 볼 수 있는 건물이다. 3층 구조로 된 건물은 1층은 기둥, 2층과 3층이 조각 형태의 입체 벽화로, 전체 길이는 80m 정도다. 세바스테이온 Sebasteion 이라 불리는 건축물로 로마황제를 신으로 모신 기념 사원, 즉 신전이다.

이 곳은 모두의 기억 속에서 사라진 곳이었는데 1970년 발굴에서 80여 점의 입체 조각 벽화가 발견되어 아프로디시아스박물관에 80여 점 전부를 전시하고 있다. 전 세계 어디에서도 보기 어려운 최고 수준의 그리스 신화와 관련된 대리석 조각을 이곳에서만 만날 수 있다.

　이곳에는 흥미롭게 황제의 조각
이 그리스 신들과 동등한 위치에 놓
여 있다. 로마는 황제를 인간이기보
다는 신으로 받드는 사회로, 곳곳에
서 황제의 신전을 만들려고 하였고,
황제신전을 만들려면 로마로부터
의 특별한 허락이 필요했다고 한다.
그래서 여러 식민지와 도시는 개별
적 차원의 황제신전을 갖고 있지만,
아프로디시아스는 로마황제 모두를
기리는 종합신전을 갖고 있다. 그만
큼 아프로디시아스는 특별한 곳이
었다.

세바스테이온의 웅장한 모습

　아프로디시아스박물관의 규모는 다른 유명한 박물관에 비해 아주 작지만 여기에 전시되
어 있는 유물은 어느 곳보다 알차다. 박물관은 하드리아누스의 욕장, 티베리우스의 주랑, 극
장, 그리고 세바스테이온 Sebasteion 의 입체조각벽화 등 이곳에서 발굴된 조각상과 부조를
한자리에 모아 놓았다. 비록 이 조그만 도시 아프로디시아스에서 발굴된 유물만을 모아 놓
았지만, 질적인 면에서 다른 박물관을 압도하고 있다고 말할 수 있다. 로마시대의 최고의 작
품들을 볼 수 있다고 해도 과언이 아니다. 아프로디시아스박물관의 백미로 꼽히는 세바스
테이온에서 1970년 발굴된 80여 점의 입체 조각벽화는 여기가 아니면 어디에서도 볼 수 없
는 보물이다.

　박물관에 전시된 아프로디테 입상은 오랜 세월을 지나 세상에 나와 완전한 모양이 아닌
몸체만 남아 있다. 머리와 팔은 어디에 있는가? 5세기경 기독교도가 파괴한 뒤 아무렇게나
버린 것이다. 그래도 살아남았다는 것이 중요하다.

아프로디시아스

(왼쪽 위) 80여 점의 벽화조각
(왼쪽 가운데) 네로와 아그리피나
(왼쪽 아래) 아우구스투스와 빅토리아

(오른쪽 위) 승리의 여신 니케상
(오른쪽 아래) 안키세스와 아프로디테

옷을 입은 자세로 서 있는 아프로디테
는 아름다운 미의 여신으로 보기에는 무
리가 있는 듯하다. 의상 앞면 한가운데는
땅의 여신 게 Ge 와 하늘의 신 우라노스
Uranos , 태양의 신 헬리오스 Helios 와 달
의 여신 세레네 Selene 의 모습이 새겨져
있다고 한다. 또 염소 머리에다 물고기 몸
을 한 상상의 동물에 올라선 반라의 여인
조각도 의상의 다리 부분에 새겨져 있다.
아프로디테 입상은 우리가 일반적으로 아
는 관능적 차원의 미의 상징과 거리가 멀
고, 모든 것을 다 가지고 포용하는 어머니
로서의 이미지가 한층 강하다. 아프로디
테가 가진 원래의 미와는 다른 이미지를
가지는 이유는 무엇 때문일까? 여러 가지
의 가설이 있겠지만 나는 로마의 어머니
인 아프로디테를 온 우주의 어머니로 형
상화한 것은 아닐까? 하는 생각이 들었다.

일찍 이런 것을 알았더라면 박물관에
더 많은 시간을 투자했을 것인데 그러지
못해 아쉬운 마음만을 가득한 채 아프로
디시아스를 떠나야 한다.

역사를 바꾸는 방법은 다양하다. 어떤
사람은 권력으로, 어떤 사람은 부로 자신
이 이름을 역사에 새긴다. 그러나 그런 방

(위) 아이네이아스
(가운데) 하드리아누스 욕장에서 발견된 2세기경의 여신상
(아래) 아프로디시아스의 주인, 아프로디테 여신상

박물관 외부의 조각상

법이 아니라 자신의 일생을 한 가지 목적을 위해 바치는 위대한 사람들을 본다. 이번 여행에서 만났던 트로이의 슐리이만이나. 크노소스의 에반스, 그리고 이 아프로디시아스의 케난에림 같은 사람들에 의해 우리는 우리 인간의 역사를 잊어버리지 않고 간직하게 된 것이다.

아프로디시아스를 구경한 것은 참으로 행운이었다. 나는 사실 이 같은 도시가 있었는지를 모르고 있었는데 이번 여행에서 비로소 이 아름다운 미의 여신 아프로디테에게 바치는 도시가 있음을 알고 즐기게 되었다.

어떤 사람들은 아프로디시아스를 아테네의 파르테논신전보다 더 웅대하고 예술적으로 뛰어난 유적이라고 말하는데, 아직은 우리나라에는 잘 알려지지 않은 곳이지만 한번 구경을 하게 되면 그 매력에 푹 빠질 것이다. 특히 이곳에서 발굴된 유물 모두 이곳 박물관에 있다. 기회가 된다면 빼놓지 않고 관람하기를 권한다.

앞에서 이야기했듯이 고대 그리스문명을 보고 싶으면 터키로 가라는 말이 과연 사실이라는 것을 또 다시 깨닫게 해 주는 유적이다.

이 같은 구경을 한 번씩 할 때마다 나는 내 아들에게 감사의 마음을 가진다. 나 혼자서는 언제 이렇게 방대한 여행을 계획하고 진행할 수 있겠는가?

데니즐리와 파묵칼레 중간에 있는 라오디키아는 아직은 일반적인 관광객들에게 잘 알려지지가 않은 곳으로, 라오디키아는 무려 기원전 5,000년 전부터 사람이 살고 교역이 활발하여 번영을 누리던 도시였다.

너무나 유적지가 크고 아직도 발굴이 제대로 진행되지 않아서 황량하게 보이는 곳이지만 그리스나 터키의 고대도시가 가지고 있는 건물들을 모두 가지고 있고 규모가 엄청나다. 하지만 황량한 벌판이고 휴식을 취할 곳이 전혀 없다는 점을 유의하여 관람을 해야 한다. 그리고 이곳에서 파묵칼레를 보면 유명한 하얀 석회층이 햇빛 아래 빛나는 장관을 구경할 수 있다.

'백성의 정의'란 뜻을 가진 라오디키아는 터키 남서부에 셀레우코스왕조가 건설한 고대도시로, 지명은 시리아왕 셀레우코스 2세의 왕비 '라오디케' Laodice 의 이름을 따서 명명되었으며 데니즐리 북서쪽에 있다. 라오디키아 Laodikeia 유적은 규모로만 보면 가장 큰 고대

라오디키아 유적지 전경

선명하게 십자가가 보이는 석판

도시로 추정되는데 현재 발굴된 것은 10%에 불과하고, 관광지로 개방된 것도 불과 몇 년에 지나지 않는다. 그리고 이곳이 주목받는 또 다른 이유는 요한묵시록의 '라오디키아 신자에게 보내는 말씀'에 소아시아의 7대 교회 중 가장 크게 책망을 받은 곳으로 기록하고 있어 기독교인들에게 특별한 곳으로 인식되기 때문이다. 또 라오디키아는 눈병을 고치는 안약의 산지로 유명하여 라오디키아 교회에 보낸 요한묵시록에는 영적인 눈을 뜨기 위하여 '안약을 사서 눈에 발라 제대로 볼 수 있게 하여라.'라고 기록되어 있다. 요한묵시록 3-18. 한국천주교주교회의, 성경

이 도시가 멸망한 이유는 자연적으로는 파묵칼레와 중간에 있는 강이 큰 홍수로 범람하여 완전히 파괴되었다고 하는데, 종교인들은 하느님의 징벌에 의한 것이라고 말하기도 한다. 왜냐하면 이곳에 많이 재배되었던 양귀비꽃으로 마약에 중독된 사람들이 타락과 범죄와 향락에 빠진 삶을 살았기 때문이라고 말한다.

1950년부터 발굴 복원사업을 하고 있다고 하나 지지부진하여 버려진 곳과 같은 느낌이 드는 의료도시로 이름이 난 라오디키아 유적에는 옛날의 석재들이 여기 저기 널려있다. 라오디키아는 지진으로 피해가 매우 컸다고 하지만 지금 넘어지지 않고 있는 석주로 짐작해

보면 대단히 광대한 지역에 걸친 거대한 도시였음을 짐작할 수 있다.

큰 도로의 이 유적을 가리키는 표지에서 약 1.5㎞쯤 되는 제법 먼 길을 걸어가면 입구가 있다. 그런데 입구에서 입장표를 사서 들어가면 아무것도 없고, 보이는 길을 따라 또 제법 멀리 걸어 올라가면 유적들이 보이기 시작한다. 놀랄 정도로 넓은 곳에 아직 발굴이 진행 중이라 폐허와 같은 유적이 곳곳에 돌무더기와 같이 쌓여 있다. 그러나 시간을 가지고 돌아보면 그 방대한 규모에 감탄하며 이 유적이 제대로 발굴되면 얼마나 멋진 곳이 될까? 하고 생각해 보는 것도 즐겁다. 지금은 폐허같이 보이지만 남아 있는 유적의 웅장한 자태만으로도 과거의 영화롭던 시절을 머리에 상상해 보는 것도 재미있는 일이다.

폐허처럼 보이는 유적들

특이하게 이 라오디키아 유적은 아직 완전히 조사되지 않아 각 유적지에 plan이라는 번호를 매겨 놓고 있다. 정확하게 유적의 용도나 역사가 규명되지 않았기 때문이리라 생각되고, 또 발굴을 위한 번호라 생각된다.

엄청나게 넓은 벌판에 무너진 도시의 모습이 폐허처럼 보이지만 수천 년의 세월을 지탱해온 역사의 흔적이다. 하지만 아직 제대로 정리된 것이 없고 온전한 설명도 되어 있지 않아 그저 이곳이 한때는 소아시아에서 가장 영화를 누리던 도시라고 생각하고, 이 자취만으로 그때의 모습을 상상해 보는 것도 즐거움이다. 내가 그리스와 터키의 옛 유적을 돌아보면서 이렇게 큰 도시가 제대로 보전이나 발굴이 되지 않은 것은 보지 못했다고 해도 과언이 아니다. 그러니 언젠가 이 유적지가 제대로 발굴되어 옛 모양을 보여주는 날이 있을 것인데, 나는 그때 이 유적을 다시 볼 수 있을지가 의문이다.

그리스와 터키를 여행하면서 본 원형극장은 거의 완전하게 복원된 것이 많았는데, 서쪽극장이라는 이름이 붙어 있는 원형극장은 아직 복원하기에는 세월이 멀게 보인다. 설명에 의하면 약 8,000석을 갖추고 있다 하는데 크기가 그 이상으로 보인다. 서쪽극장이라는 설명으로 보아 다른 쪽에도 극장이 있었으리라 짐작이 되는데 한 도시 안에 여러 개의 극장이 있을 정도라면 이 도시의 크기를 상상할 수 있을 것이다.

라오디키아는 과거 영화롭던 시절의 방대한 규모에 비해 지금은 다른 유적지에 비해 알려지지 않은 곳으로 비

(위) 아름다운 문양을 보이는 문
(가운데) 무엇인지 모르는 열주들
(아래) 폐허같은 서쪽 극장

교적 현대에 발굴이 시작되어 아직도 수많은 유적이 그대로 있다. 제대로 우리에게 알려지려면 얼마나 많은 시간이 필요할까? 많은 시간이 필요해도 이 도시가 잊힌 시간보다는 짧을 것이다. 빠른 시간에 이 도시가 제 모습을 찾아 우리에게 나타나면, 우리는 또 하나의 문화유산을 간직할 것이다.

라오디키아를 구경하고 숙소로 돌아가니 오늘이 12월 31일이다.

어느새 또 한해가 다 지나간다. 외국에서 새해를 맞이한 때가 언제였던가를 생각하고 아들에게 물으니 한 10년 전에 아들과 일본에서 연말연시를 보냈던 기억을 말했다. 그리고 아들은 기억이 나지 않는다지만, 아들이 네 살 때 싱가포르에서 새해를 맞이한 기억도 있다. 모두 여행을 가서 타국에서 새해를 맞은 것이다.

저녁이 되어 숙소에서 휴식을 취하며 한 해를 보내는 회포를 풀며 맥주를 마시고 있으니, 터키를 여행 중이라는 우리나라의 젊은이들이 몇 명 들어온다. 카파도키아를 거쳐 왔다하여 발룬을 탔는가 물어보니 못 탔다고 하며 바로 우리가 발룬을 탄 그날 이후로 한 번도 발룬이 운행되지 않았다고 한다. 그 젊은이들 가운데 부산에 사는 학생이 있어 이야기를 하며 아버지와 함께 여행을 해보라고 권하니 아들도 옆에서 아버지와 여행하는 것도 참 의미가 있다며 거들었다. 시간이 자정이 되니 이곳에서도 새해를 축하하는 불꽃을 쏘아 올린다. 물론 거대한 불꽃 쇼는 아니고, 자그마하지만 새해를 알리는 것이다.

다음 날이 1월 1일이다. 여행 중이라 다른 생각도 없이 또 여행에 나선다.

라오디키아

파묵칼레의 석회층 자연이 만든 목화성

　파묵칼레의 상징이라고 할 수 있는 석회층은 우리 숙소 바로 뒤에 있기에 가는 것은 쉬웠다. 그래서 가벼운 행장을 하고 걸어서 석회층으로 갔다.

　원래 파묵칼레 Pamukkale 는 터키 남서부 데니즐리에 위치한 석회층을 말한다. 터키어로 파묵이 목화이고 칼레는 성이므로 파묵칼레는 '목화성'이란 뜻으로, 석회층이 목화의 하얀 솜처럼 보여 일컫는 명칭이다. 파묵칼레는 우리나라 사람에게도 꽤 알려진 곳으로, 3만 년 세월이 만들어낸 하얀 석회암 절벽, 바람과 물결에 씻겨 만들어진 물결 모양의 테라스, 약 35도 정도의 온천수로 가득 찬 크고 작은 웅덩이로 만들어진 높이가 약 160m 절벽에, 2,700m 정도 길이의 하얀 성과 같은 모양으로 데니즐리 부근 어디에서 보아도 한눈에 들어온다.

　새하얀 눈이나 소금이 쌓인 것처럼 보이는 석회층은 언덕 위에서 아래까지 생긴 모습은 흡사 계단식 다랑이논을 닮았다. 소금가루를 겹겹이 쌓아놓은 듯 하얀 석회층이 절벽 한 면을 빼곡히 채우고 하얀 석회층에 푸른 온천수가 고여 있는 풍경은 쉽게 볼 수 있는 광경이 아니다. 그리고 이 석회층들은 하루에도 여러 차례 색이 변한다. 웅덩이에 고인 푸르던 물은 희게 변색되며 해질녘에 띠는 색깔은 붉은빛이다. 관광객들은 정해진 이동로를 따라 정상 부위에서 중턱까지 짧은 거리지만 신비한 순백의 여행을 즐길 수 있다.

　이곳을 걸을 때는 석회층의 훼손을 막기 위해 반드시 맨발로 들어가야 한다. 눈으로 보기에는 미끄러워 위험할 것 같으나 감촉이 거칠고 미끄럽지 않

석회층 아래의 연못

다. 요즈음에는 온천수가 충분하지 못해 요일에 따라 유량을 조절하기 때문에 물이 가득하지 않을 경우도 있다고 하지만 석회층을 걸으면서 온천수에 발을 담그고 망중한을 즐겨 보는 것도 파묵칼레 여행의 한 즐거움일 것이다.

석회층 아래에 만들어 놓은 공원에는 숲이 우거진 연못이 인공적으로 만들어져 있고 여러 산책로를 만들어 놓았다. 석회층에서 흘러내리는 물로 가득한 이 공원 연못에는 유람선 같은 것도 있는 유원지이지만 내가 갔을 때는 운행하지 않았다.

석회층에는 다양한 모습의 물웅덩이가 있고 사람들은 모두 그 웅덩이에 발을 담그고 즐거워한다. 동심의 세계로 들어선 사람들은 웃고 떠들면서 각자 자기 나름대로 추억을 만들어 간다.

석회층을 갈 때는 반드시 비닐봉지를 여러 개 준비하는 것이 좋다. 먼저 신발을 벗어야 하니 신발을 넣을 봉지가 있어야 하고, 석회층 가를 흐르는 온천수에 발을 담그고 앉기 위해서는 비닐 깔판이 있는 것이 좋다. 주변에 그런 비닐이 없어 곤란해 하는 사람들이 많았으나 우리는 다행히 비닐을 여러 장 가져가서 사용하고 버리려 하니 주변에서 다 사용했는지를 물어 건네주니 고맙다고 인사를 한다. 명심하시기를……

파묵칼레는 이스탄불, 카파도키아와 함께 터키에 가는 여행자들은 대부분이 꼭 가는 유명한 곳이라 여행객들을 위한 시설이 제법 잘 갖추어져 있다. 식당도 곳곳에 보이고 음식도 나무랄 데 없이 괜찮은 편이며 얼마나 많은 한국 사람이 오는지 한글로 된 식당 메뉴판이 길가에 보이기도 한다. 그리고 이곳에서도 카파도키아와 같이 엄청난 규모는 아니고 몇 개 정도의 발룬이 운행되고 있으니 카파도키아에서 발룬을 타지 못하였거나 이곳의 경치를 하늘에서 보고 싶은 사람들에게는 좋은 경험이 될 수 있다. 카파도키아의 자연도 신비롭지만 파묵칼레의 석회층도 우리에게 자연의 경이로운 감동을 느끼게 한다.

그리고 내가 생각하기에는 석회층을 걸어보면서 관광하는 것은 자연공원 쪽에서 걸어올라 갔다가 다시 걸어 내려오는 것이 여러 면에서 편리하다고 생각한다. 왜냐하면 석회층 상부 쪽은 파묵칼레 마을에서 제법 많이 떨어져 있어 마을에서 가려면 차를 타고 이동하여 시간이 제법 걸린다. 그래서 마을에서 출발하여 공원을 거쳐 석회층을 걸어 올라가서 다시 마을로 내려오는 코스가 편리하다.

파묵칼레 석회층의 다양한 모습

파묵칼레의 눈처럼 하얀 석회층에서 자연의 경이로움을 느끼고 즐기다가 맨 위로 올라가면, 페르가몬의 왕인 에우메네스 2세가 기원전 190년에 건설한 히에라폴리스가 나타난다. 이 이름은 '성스러운 도시'란 뜻으로 헤라클레스의 아들이자 페르가몬의 시조인 텔레포스의 아내 '히에라'에서 유래되었다 한다.

로마의 지배를 받으면서 히에라폴리스로 불렸던 이 도시의 인구는 최대 10만 명으로 추정하는데, 현장 안내판에 그려진 히에라폴리스 황금기의 조감도에는 대형 아고라와 2개의 극장, 2개의 공중목욕탕, 신전과 체육관 사이로 주택이 빼곡하게 밀집해 있는 것이 보인다. 지금 보아도 큰 도로인 폭 13.5m 길이 1,500m 정도의 대로는 남북을 관통하고 있고, 대로를 따라 흩어진 유적은 당시의 도시 규모를 충분히 짐작할 수 있게 한다. 1,000개가 넘는 석관묘가 늘어선 고대 공동묘지인 네크로폴리스는 터키에서 가장 큰 규모인데 목욕탕과 어울려 있다는 점이 흥미롭다. 왜 이곳에 공동묘지가 만들어졌을까? 이 석관들은 치료와 휴양을

히에라폴리스 전체 조감도

위해 몰려들었던 병자들의 무덤이라는 주장이 있다.

이 도시는 1354년 대지진으로 사라졌다가 1887년 독일 고고학계의 발굴에 의해 세상에 알려졌다. 하지만 진정한 발굴은 이탈리아의 고고학자 파울로 베르조네의 일생을 바친 것으로, 복원을 통해 마침내 우리에게 드러났다. 1957년부터 시작된 발굴은 무려 50년이 넘게 2008년까지 계속되었다고 한다.

히에라폴리스의 역사는 소아시아반도의 다른 많은 헬레니즘 도시들과 같은 양상으로 전개되었다. 기원전 129년에 로마인들에게 점령당한 히에라폴리스는 로마제국에서 여러 국가들의 사람들이 뒤섞여 지내는 국제도시로 번창해서 수많은 사람들이 이곳 온천으로 와서 물을 가져가고 또 휴양과 교역을 하였다.

그리고 히에라폴리스의 지금 남아 있는 기독교 유적들은 초기 기독교 건축물의 우수한 예이고, 기독교의 역사에 따르면 히에라폴리스를 기독교로 개종시킨 사도 필립보가 도미티아누스 Domitianus 황제에 의해 이곳에서 80년 무렵에 십자가형을 당했다고 하지만 정확하지 않고 여러 다른 설이 있다.

4세기와 6세기 사이에 세워진 히에라폴리스의 기독교 기념물들은 대성당, 세례당, 교회 등으로 이루어져 있는데 그 가운데 가장 뛰어난 건축물은 순교자 성필립보기념성당 martyrium of St Philip 이다.

고고학박물관의 석관 유물들

(왼쪽) Isis의 여신(여성 사제)상 (오른쪽) 박물관 전시 유물

고고학박물관은 히에라폴리스에서 발굴된 유물을 전시하는 곳인데 특이하게 2세기경 지은 로마시대의 욕장을 복원하여 전시장으로 사용하고 있다고 하며 각 전시장은 섹션이 나누어져 전시되어 있다.

박물관을 보고 유적지 쪽으로 가면 푸른 온천물 아래에 로마시대의 유적인 옛날의 대리석 기둥이 밑바닥에 가득 채워진 현재의 노천탕이 보이는데, 폐허가 된 유적지에 온천물을 담아 언덕 위에 온천수영장을 만든 곳으로 노천탕 주변은 쉼터로 만들어 고대 로마시대 온천을 즐기던 체험을 재현하고 있다. 고대의 유적 위에 온천수를 공급하여 야외온천으로 만들어 관광객을 끄는 방법이 아주 참신하게 생각되었다. 이 온천을 관광객들에게 유료로 개방한다고 했는데, 내가 간 날은 개방하지 않았다.

과거 로마시대부터 이 히에라폴리스 온천은 피부병에 좋은 곳으로 알려져 있었기에 아름다운 모습을 가지고 싶은 처녀들은 이 온천에 몸을 담그는 풍속이 있었다고 한다. 아마 지

(왼쪽) 야외유적 온천장 (오른쪽) 야외 유적 온천장 아래에 보이는 대리석

금도 이곳에서 온천을 즐기는 사람들은 모두 자기가 로마의 황제가 된 기분일 것이다.

서기 60년에 북문 근처의 남동쪽 언덕에 있던 극장이 지진으로 인해 파괴되었는데 그 석재를 이용해서 지금 보이는 극장을 지었다고 한다. 세베루스 Severus 시대에 만들어진 극장은 에페소스의 아르테미스에게 바치는 의식과 희생 제물을 묘사한 멋진 프리즈로 장식되어 있다. 언덕 위에 지은 극장은 약 50열의 관람석에 15,000명 정도를 수용하는 큰 규모로, 여기서 출토된 아폴론과 아르테미스, 디오니소스 등의 유물들은 박물관에 따로 전시실을 마련하여 전시하고 있다.

필립보의 무덤으로 추측되는 곳에 기념건물을 세웠는데 원래는 이층의 건물 구조로 되어 있었다고 하는데 외부 건물은 무너져 알 수가 없다. 아치가 남아 있는 중앙부 건물이 무덤이었을 것으로 추정하나 무덤은 발견되지

(위) 로마시대의 원형극장
(가운데) 필립보의 순교기념교회
　　　- 왼쪽 아치가 있는 곳이 무덤이라고 추측한다.
(아래) 성 필립보의 무덤과 교회로 가는 계단

않았다고 한다. 유적 온천과 아고라 사이의 풀밭에서 언덕 위의 필립보 순교기념관으로 올라가는 길은 약 600m 길이의 옛 계단이 있다.

히에라폴리스의 주신인 아폴론을 모셨던 신전은 지금은 거의 흔적을 볼 수 없고 기단 정도만 남아 있다. 이곳에서는 유독가스가 나와 그 당시의 사제들이 가스에 취한 상태에서 신탁을 받았다고 한다. 지금도 소량의 가스가 나온다고 하는데 그 성분은 일산화탄소로 밝혀졌다. 아폴론신전 바로 앞에 2세기경 지은 기념 분수는 이 도시의 물을 공급하던 곳으로 현재의 벽은 아폴론신전의 안뜰 일부로 지어진 것이다. 이곳에서 발굴된 여자 사제 조각상이 박물관에 있다.

고대 히에라폴리스를 남북으로 관통하는 대로는 설명판에 의하면 이곳의 총독이었던 프론티누스의 이름을 따서 'Frontinus Street'라고 이름을 붙여 놓았다 한다. 지금 열주는 도미티아누스문의 기둥들을 제외하고는 대부분이 파괴되어 하단부만 남아 있지만 쭉 늘어선 모습만 보아도 경이롭기만 하다.

도미티아누스문은 서기 84년 이곳 총독이 로마황제 도미티아누스에게 봉헌한 문으로 세 개의 아치가 아름다운 자태를 지금도 뽐내고 있는 로마양식의 문으로 로마 게이트라고 불리기도 한다. 건물은 건설 당시에는 온천, 냉탕, 사우나 등 휴양에 맞는 용도로 지어졌으나 그 뒤에 개조하여 교회로 사용되었다 하는데 현재는 파괴되어 전체를 볼 수 없고 길 쪽의 아치만 남아 있다.

네크로폴리스 necropolis 는 고대도시 가까이 많은 묘로 형성된 지역을 가리

(위) 황량한 폐허의 아폴론신전
(가운데) 열주로와 아고라
(아래) 히에라폴리스북문 (일명 도미티아누스문)

킨다. 그리스나 로마 문화의 영향을 받은 지역에는 네크로폴리스가 성문에서 시작되는 길을 따라 성벽 밖에 있었다. 네크로폴리스는 시가지 밖에 있어 발굴이 쉽고 많은 부장품이 있어 학문연구에 중요한 유적이 되고 있는데, 이곳의 1,000개가 넘는 무덤은 천년이 넘게 형성된 것으로 양식도 헬레니즘시대부터 비잔틴시대까지 다양하고, 수많은 무덤에서 발견된 비문만을 따로 번역해서 출판되었다고 한다.

죽은 사람들의 도시 네크로폴리스의 여러 모습

히에라폴리스를 가는 방법으로 사람들은 차를 타고 북문으로 가서 유적을 보고 다시 차를 타고 파묵칼레로 간다. 하지만 나는 생각하기를 파묵칼레 마을에서 석회층을 걸어 올라가서 히에라폴리스 전체를 구경하고 다시 석회층을 통해 파묵칼레로 내려오는 길을 권하고 싶다. 그러면 석회층이 시간에 따라 변하는 모습을 볼 수도 있고 시간도 절약되는 것 같다. 물론 선택은 각자의 몫이다.

터키를 여행하면서 계속 감탄을 하는 것이 있다. 그리스 문화나 로마시대의 흔적을 터키에서 너무 잘 볼 수 있다는 것이 좋았고, 또 유적의 규모가 그리스보다 엄청나게 크게 자리 잡고 있다는 것이다. 그리스 도시의 유적보다 터키의 유적이 훨씬 크게 보이는 것은 나만의 생각일까?

이제 파묵칼레 여정을 마치고 말로만 들었던 또 다른 경이로운 유적 에페소스를 보기 위해서 셀축으로 간다.

성모 마리아의 집, 성 요한교회

    셀주크라고도 부르는 셀축은 터키 서부 이즈미르 Izmir 주에 있는 도시로 에페소스 유적으로 유명하다. 이즈미르 시에서 남쪽으로 73㎞ 거리에 있으며, 인구는 약 40,000명이 채 안 되는 조그만 도시로 고대 지명은 아이오스 테올로고스 Ayios Theologos 이며, 현재 지명은 12세기 무렵 이 지역에 정착한 셀주크투르크족에서 유래하여 1914년에 붙여졌다. 도시 전체에 그리스, 기독교, 이슬람 문화가 조화를 이루고 있는 평화로운 도시로, 시내에는 성 요한교회와 비잔틴 수도교, 이사 베이 Isa Bey 모스크가 있으며, 고고학박물관과 아르테미스 신전이 우리 눈길을 끈다. 시 외곽에는 성모 마리아의 집과 에페소스유적이 있다. 에페소스가 너무 유명해서 셀축이라면 에페소스만 생각하지만, 사실 이 도시에는 그리스도교와 연관이 매우 많은 도시다.

성모 마리아의 집

　셀축 숙소에서 성모 마리아의 집까지 가려고 하니 교통편이 마땅하지 않았다. 이번 여행의 경험상 택시비가 비싸지 않다는 것을 알았기 때문에 택시를 또 부르니 성모 마리아의 집을 왕복하고, 우리가 구경하는 시간까지 약 2시간 반이나 걸리는데 50리라 15,000원 정도 를 요구한다.

　성모 마리아의 집 터키어: Meryemana 또는 Meryem Ana Evi 은 터키 셀축에서 7km 정도 떨어진 에페소스 인근의 코레소스 산에 자리한 기독교와 이슬람교의 공동 순례지이다. 전해지는 바에 따르면, 이곳은 예수 그리스도의 어머니인 마리아가 선종하여 승천할 때까지 사도 요한과 함께 머물렀던 곳이라고 한다.

　1881년 10월 18일 프랑스의 아베 줄리앙 꾸에 신부가 이곳에서 작은 석조건물과 고대 에페소스 유물을 발견했다. 신부는 그 건물이 클레멘스 브레타노의 저서에 기재된 독일 수녀 안나 가타리나 에메리히 1774~1824 가 환시를 통해 본 성모 마리아가 예수가 사망한 뒤 남은 생을 보냈던 집의 형태와 놀랍게도 일치한다는 사실을 발견하였으나 발견 당시에는 별로 주목받지 못하였다. 그 뒤 10년이 지난 후 프랑스의 마리 드 망다 그랑시 수녀에 의해 폴린 신부와 융 신부 등 두 명의 라자로회 선교사들이 1891년 7월 29일 꾸에 신부의 안내서를

성모상

보고 그 건물을 재발견하였다.

이들은 폐허가 되어 지붕도 없는 이 돌집이 오랫동안 이곳 주민들이 터키어로 '동정녀의 문간 Panaya Kapulu'이라고 부르며 거룩한 장소로 여기고 있는 곳이라는 사실을 알아냈다. 이곳 주민들은 초대 교회 시절 에페소스에 살던 그리스도인들의 후손들이었다. 마리 드 망다 그랑시 수녀는 이곳 마리아의 집에 조그마한 가톨릭 성당을 하나 세웠다. 동정 마리아의 집 발견은 12세기부터 이야기로 전해온 동정 마리아의 에페소스 선종 전승의 신빙성을 한층 높여주었고, 1961년 교황 요한 23세는 이곳을 성모 마리아의 집으로 공식 선포한다. 이후 1967년 교황 바오로 6세와 1979년 요한 바오로 2세가 직접 방문하면서 성지로 자리매김을 하였다.

성모 마리아의 집터에 당도하면 집터의 중간지점에 작은 마리아의 동상이 자비롭게 서 있다. 들어가는 입구에는 여러 나라의 언어로 이곳을 설명하고 있는데 우리 한글로 된 설명판도 있어 한국 가톨릭의 위상을 알 수 있게 한다는 생각이 들었다.

세례 요한이 세례를 베풀던 곳을 지나면, 전 세계의 많은 가톨릭 신자들이 참배하여 기도를 드리는 돌을 쌓아 지은 성모 마리아의 집이 나타난다. 이곳을 찾은 사람은 남녀노소 가릴 것 없이 누구나 촛불을 밝히며 기도를 올리거나 소원을 빈다. 계단 아래엔 만병을 치료한다는 성수를 수도로 만들어 놓아 사람들이 성수를 마시거나 병에 담아가기도 한다. 성수 터 옆에는 개인의 간절한 소원을 적은 천 조각과 종이가 촘촘히 벽에 걸려 있다. 어디에서나, 어느 종교나 기복적인 부분이 있는 것은 그 종교를 믿는 사람의 마음이라는 생각이 들었다.

이곳 구경을 마치고 입구 쪽으로 가면 종교용품이 대부분인 조그마한 기념품가게가 있

한국어 설명판

다. 이곳은 가톨릭에서는 아주 중요하게 생각하는 성모 마리아의 승천지이기에 많은 가톨릭신자들은 조그마한 병에 담긴 성수나 십자가, 묵주 등을 기념으로 구입한다.

이곳에서 시내로 돌아와 점심을 먹고 길을 걸으면서 이런저런 이야기를 하며 도착한 곳이 성 요한교회 St. John's Cathedral 이다.

성수와 벽에 매달아 놓은 소원 쪽지

성 요한교회는 예수의 12제자 중에 사도 요한을 기념하는 교회다.

요한은 예루살렘에서 추방당한 뒤 셀축으로 들어와 노년을 보냈다. 성 요한교회는 4세기경 콘스탄티누스황제가 요한의 무덤에 세웠고, 동로마 제국의 유스티니아누스황제가 6세기 무렵에 사도 요한을 추념하기 위해 교회를 증축했다. 초기 그리스도교시대에는 순례자들이 꼭 들러야 하는 중요한 교회로, 길이 110m, 폭140m에 6개의 돔을 가진 거대한 십자가 형태의 건물이다. 7세기에는 교회 주변에 성을 쌓아서 성벽 문을 지나서 교회로 들어가야 했는데, 초기 그리스도교인들이 이곳에서 많이 순교했기에 '박해의 문'이라고 부른다.

멀리 보이는 성 요한교회와 입구

14세기에는 자미로 사용되다가 몽고의 침입으로 파괴되었으나 지금은 교회 터와 건물 유적이 남아 있으며 많은 유적이 복원되어 있다. 본당의 동쪽 끝에는 사도 요한의 무덤이 있으며, 대리석 석판 위에는 '이곳은 나의 영원한 쉴 자리, 여기서 살게 될 것이다.'라는 글이 적혀 있다. 가톨릭의 중요한 성지순례 장소로 내가 이곳을 갔을 때도 한국의 순례 단체 버스 3대가 와 있었다.

요한교회에서 보이는 이

초기기독교의 성지

사 베이자미는 1375년에 다마스쿠스 출신 건축가 디마쉬클리 알리가 설계한 것으로, 독특한 담백함이 있다.

요한교회에서 나와 거리를 제법 걸어가니 이름은 너무나 유명하지만 폐허와 다름없는 아르테미스신전이 나온다.

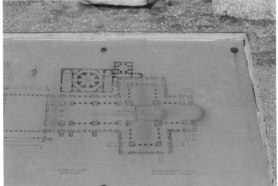

(위) 성 요한의 무덤
(가운데)십자가 모양의 건물 조감도
(아래) 요한교회에서 보는 이사 베이자미

아르테미스신전 **영화롭던 시절의 잔해**

　드물게는 디아나신전으로 알려져 있는 아르테미스신전 아르테미시온 은 그리스 신화에 등
장하는 여신의 신전으로 B.C. 8세기 무렵에 120년에 걸쳐서 세워진 장대하고 화려한 모습
으로 고대세계의 7대 불가사의 중 하나로 꼽혔다. 신전은 2중 주주식의 이오니아양식으로
바닥 면이 세로 55m 가로 115m에 높이 19m의 기둥 수 127개의 거대한 규모이며, 원주 수
십 기의 기단부에는 인물의 부조가 있었다고 하나 지금은 그 자취도 없고, 현재는 신전의 토
대와 조각 파편만이 기둥 하나와 외로이 남아있다.

(위) 아르테미스신전 전경
(아래) 아르테미스신전을 지키는 마지막 기둥

고대 세계 7대 불가사의의 목록을 작성한 시돈의 안티파트로스는 당대의 아르테미스신전을 이렇게 묘사했다.

"나는 전차(戰車)를 위한 길이 나 있는 바빌론의 높이 치솟은 성벽을 보았고, 알페우스가 세운 제우스신상(神像), 공중정원, 태양의 거상과 수많은 노동력으로 지은 높은 피라미드와 거대한 마우솔로스의 묘를 봤었다. 그러나 내가 구름 위에 치솟은 아르테미스의 집을 보았을 때, 그들 다른 불가사의들은 그 빛을 잃었다. 그리고 나는 말했다. '보라, 올림프스를 빼면 어떤 장대한 것에도 태양이 비추지 아니 하였구나'"

아르테미스여신 신앙은 1세기 무렵까지 강하게 남아 있었던 것으로 보인다. 신약성경 사도행전 19장 21절에서 41절에는 바오로가 에페소스에서 겪은 아르테미스신전과 관련된 이야기로, 사도 바오로가 신의 이름으로 우상숭배를 금하자 에페소스인들이 격렬하게 저항했다는 기록이 남아 있다. 특히 풍요와 생명의 여신으로 숭배를 받아 왔던 아르테미스의 신전은 B.C. 7세기 이후 몇 번이고 중건되어 B.C. 4세기에 이르러서는 '세계 7대 불가사의'의 하나로 꼽히는 건축물로 완성되었으나 그리스도교시대가 되자 종교적인 배타성에 그 모습은 완전히 파괴되어 버렸다.

아르테미스신전은 파괴된 뒤 오랫동안 잊히다가, 대영박물관이 후원하고 존 터틀 우드가 이끄는 탐사대가 6년의 탐색 끝에 1869년에 발굴하였다. 그때 발견된 유물의 대부분이 지금 대영박물관에 있고, 지금 우리는 달랑 서 있는 기둥 하나만 본다. 거의 폐허와 같이 보이는 이 신전에서 과거의 영화롭던 시절의 모습을 찾을 수는 없다. 무상한 역사의 흐름에서 우리의 상상을 얼마나 끌어 올려야 이 신전을 회상할 수 있을까?

잡초 사이로 아르테미스신전의 유적이 돌무더기로 뒹굴고 있다. 이 신전은 그리스도교를 공인하면서 버려졌고, 그 뒤에 신전의 돌들을 이용하여 성 요한교회와 하기아 소피아성당을 짓는데 사용하였기에 복구는 영원히 불가능한 상태다. 그저 과거의 영광의 흔적만을 엿보고 그 시절을 상상해 볼 뿐이다.

폐허가 된 아르테미스신전 모습

에페소스   장대하고 화려한 살아 있는 도시

터키에서는 에페소 Efes 라 일컫는 에페소스는 성경에서는 '에페소'라고 하며, 소아시아 7 대 교회 가운데 하나가 있는 빼놓을 수 없는 곳이다.

에페소스는 소아시아 서쪽 연안의 옛날 도시로, 기원전 2,000년대로 역사가 소급되나 B.C. 334년 알렉산드로스대왕에 의하여 정복되어 헬레니즘 문화가 들어왔고, 이어서 로마 문화가 번창하여 중요한 건축물이 수없이 세워졌다. 현존하는 고대 유적은 헬레니즘시대의 아고라와 극장, 하드리아누스제의 신전, 겔수스의 도서관 외에 수많은 유적이 있고 또한 근래에 발굴된 남쪽 경사면의 고대 로마의 주거지로부터는 벽화가 다수 발견되었다.

이 도시는 그리스도교시대에 들어와 바오로가 편지를 보낸 곳으로도 유명하지만, 431년에 종교회의가 열려 성모가 '신의 어머니'로 인정된 것이 특히 중요한 의미를 갖는다. 그리스도교 건축에서 가장 대규모인 것은 유스티니아누스 대제 치세 때 건립한 하기오스 요안네스 테오로고스의 바실리카인데 현재는 거의 붕괴해 버렸다.

에페소스 유적의 거리를 걷는 것은 마치 로마시대의 세월이 비껴간 어느 모퉁이에 와 있는 느낌이다. 유적의 입구는 남쪽 북쪽 두 군데인데 나는 남문으로 들어가 북문으로 나오는 방법을 선택했다.

남쪽 입구로 들어서면 바실리카 스토아 열주 들이 연이어 늘어선 거리 앞으로 소극장터인 오데온이 있다. 약 1,500명을 수용하는 지붕이 있던 소극장으로 시낭송이나 음악회가 열렸던 곳이었다. 오데온 앞으로는 거대한 아고라가 자리하고 있으며, 오른쪽으로 2세

에페소스의 상징 겔수스도서관

기에 지어진 바리우스의 욕장 터가 3개의 아치와 함께 흔적만을 남기고 남아있다. 오데온 소극장 정상에 올라가 앉아서 지나간 시대의 흔적을 느껴보며 세월의 무상함을 느껴본다. 지금도 이곳을 오고 가는 사람들, 과거에도 이곳을 지나갔던 사람들, 그리고 흘러가는 시간은 오늘도 어제에 이어 유유히 흘러간다.

오데온을 지나 내려가면 고대 에페소스의 행정을 담당하던 건물이라는 곳은 지금은 옛 자취를 알 수 없고 기둥만 남아 있는데, 이곳에서 발굴된 아르테미스 여신상이 지금 박물관에 전시되고 있다.

(위) 관청건물 유적
(가운데) 멤미우스 기념비
(아래) 도미티아누스신전

멤미우스 기념비는 1세기 아우구스투스황제 시절 멤미우스가 그의 할아버지 술라를 기념하여 건립한 것으로, 술라가 에페소스를 탈환하는 장면과 승리를 칭송하는 글이 새겨져 있다.

도미티아누스신전은 81~96년 도미티아누스황제 시대에 에페소스에 황제 이름을 따서 지은 최초의 건축물이다. 두 번째 네로로 불리는 그는 그리스도교를 박해하였고, 가신들에게 암살당한 후 그의 이름을 띤 모든 건물이 파괴되었다 한다.

멤미우스의 기념비 앞쪽에 있는 승리의 여신 니케 부조는 선명하게 월계관과 날개가 남아 있다. 다른 니케 여신상들보다 선명하게 조각되어 눈길을 끌지만 길가에 조그마한 부조라 모르고 지나칠 수 있다.

쿠레테스 거리가 시작되는 지점에

양쪽 기둥에 헤라클레스 상이 있는 개선문이 있다. 4세기에 운반되어 온 돌기둥으로 지어진 헤라클레스 문은 2층으로 된 개선문의 6개 기둥 중 현재는 2개만이 남아 있다. 헤라클레스의 상징인 사자의 가죽을 지닌 모습이 부조로 남아 있는데, 원래는 큰 건물의 일부였다고 하지만 다른 부분은 발견되지 않았다고 한다.

2세기경 트리아누스황제를 기념하기 위해 세운 분수는 12m 높이의 중앙에는 황제의 동상이 있었다고 하는데 지금은 조각상 일부만 남아 있다. 에페소스박물관의 디오니소스나 아프로디테 상 등이 여기서 발견되었다 한다.

쿠레테스 거리는 완만한 경사지로 수천 년 전의 대리석이 닳고 닳아 바닥이 미끄럽고, 반질반질한 정도가 유리와 같다. 쿠레테스 거리 우측에 있는 2세기경 하드리아누스황제의 신전은 쿠레테스 거리에서 가장 아름다운 건축물로 위용을 자랑하고 있다.

이중으로 된 아름다운 아치에 조각된 조각품과 대칭적으로 보이는 아치의 조형미는 우리의 눈을 즐겁게 한다. 이 신전의 앞쪽 아치에는 행운의 여신 디케의 조각이, 뒤의 아치에는 메두사의 조각이 보인다. 여기에는 비잔틴의 황제 테오도시우스, 그의 가족, 아르테미스 등의 그림이 있는데, 모조품이고 진품은 에페소스고고학박물관에 있다. 또 고대 에페소스를 건립한 안드로클로스의 전설이 조각된 벽도 있고, 주

(위) 승리의 여신 니케 부조
(가운데) 헤라클레스의 문 (아래) 트리아누스 샘

변에는 스콜라스티카의 목욕장과 공중화장실 등 당시의 삶의 흔적들과 생활상을 엿볼 수 있다.

테라스 하우스1은 아마도 일반 평민들이 살았던 주거지인 듯이 주거지 모양을 띠고 있지만 아무런 꾸밈이 보이지 않았다.

그러나 사진으로 보듯이 규모가 엄청난 테라스 하우스2는 귀족들과 부유층의 주거지였을 것으로 짐작된다. 세계에서 가장 잘 보존된 로마시대의 주택지로 알려져 있는 주거지는 기원전 1세기부터 7세기 무렵까지 건축된 건물로, 안에는 수많은 벽화와 프레스코 모자이크 등이 잘 보존되어 있다. 테라스 하우스2 구역은 차단벽으로 가려져 있으며 따로 입장료를 받고 있다. 아들과 나는 처음에는 그대로 지나치려고 하다가, 무언가가 있으니 입장료를 또 받겠지 생각하고 보고 가기로 했다.

(위) 하드리아누스신전
(가운데)(아래) Terrace House 2 설명판

결론부터 말하면 보지 않았으면 진짜 후회했을 것이다. 테라스 하우스2를 다 보고 난 뒤 아들과 나는 이구동성으로 입장료가 전혀 아깝지 않고 더 받아도 된다고 말하며 감탄했다. 그만큼 아름다운 벽화와 프레스코, 모자이크 등이 이루 말로 표현할 수 없게 아름답게 잘 보존되어 있는 유적으로 아직도 발굴이 다 끝나지 않았는지 계속 발굴 중이었는데 발굴이 끝나면 다시 보고 싶은 곳이다. 에페소스를 가는 사람은 꼭 테라스 하우스2를 입장료를 또 주고도 보시기를 간절히 빈다. 하드리아

발굴이 진행 중인 테라스 하우스2의 내부

기독교 십자가 문양과 십자가가 보이는 부조

누스신전 바로 앞에 있는 테라스 하우스2는 정확히 기억이 나지 않지만 4층에서 5층 규모로 되어 있다. 맨 아래에서 위로 올라가면서 본 유적과 유물들은 설명할 지식이 없으므로 그냥 소개만 한다.

곳곳에 설명이 있지만 그냥 눈으로 보고 지나가는 것이 좋다. 우리가 전문적인 고고학도가 아닌 이상 그냥 보고 즐기면 된다.

에페소스는 기독교의 성지순례지로 알려져 있어 유적지 곳곳에서 선명하게 기독교의 문양과 십자가가 보인다.

드디어 에페소스의 자랑인 장대한 겔수스도서관에 도착했다. 화려한 코린트식 열주가 변함없이 당당한 자태를 자랑하는 겔수스도서관 전면에 서면 그 장엄함에 압도당한다.

2세기 중반 학문을 사랑하던 아시아주 총독 겔수스를 기념하기 위해 그의 아들 율리우스 아킬라가 아버지의 무덤 위에 지은 도서관은 화려한 석주 건물로 코린트식 열주의 정문 석주가 강한 인상을 풍긴다. 정면 4개의 입구 앞에는 지혜와 지식, 지성과 용기를 상징하는 여성의 동상들이 자리하고 있어 도서관의 웅장함에 아름다움을 더하지만 이것은 모두 복제품이다. 진품은 비엔나박물관이 가지고 있다. 겔수스도서관은 그 당시에 12,000여권의 두루마리 형태의 서적을 소장하고 있었고, 서적이 상하지 않게 온도와 습도를 조절하는 구조

로 만들었다고 한다. 도서관 입구 계
단에서는 여행자들이 휴식을 취하고
사진을 찍으면서 에페소스의 신비에
휩싸인 듯 쉽게 자리를 뜨지 못한다.

겔수스도서관을 바라보면서 오른
쪽에 있는 문은 상업아고라로 이어지
는 문으로 노예였던 마제우스와 미트
리다테스가 해방되면서 아우구스투스
황제에게 감사의 표시로 바친 문이라
한다. 이런 거대한 문을 노예 신분이
었던 그들이 어떻게 지었는지 궁금할
뿐이다.

상업아고라는 고대 에페소스의 중
앙시장으로 에페소스 주민들의 상업
중심지로 번창하였으나, 지금은 모두
파괴되고 기둥만 남아 있다.

겔수스 도서관 앞에 있는 마제우
스 미트리다테스문 아래에는 대리석
거리의 지하도를 통해서 사창가로 가
는 통로였다고 한다. 도서관 앞에 사
창가가 있었다니 조금은 의아한데, 좀
부끄러웠든지 지하를 통과한다고 하
였다.

(위) 겔수스도서관의 외부 모습
(가운데) 겔수스도서관의 내부와 측면 벽의 모습
(아래) 아고라의 남문(마제우스와 미트라다테스 문)

그런데, 사창가 입구 골목의 길가 바닥에는 발 그림과 여인의 상체가 그려진 대리석이
있다. 이것은 발자국보다 큰 발을 가진 사람, 즉 성인만 사창가를 출입할 수 있다는 표시였
다고 하고, 그 발자국 오른쪽에 새겨진 여인은 미인이 있음을 알리는 세계 최초의 광고였다

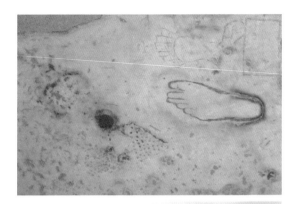

(위) 에페소스 발자국
(아래) 상업아고라 기둥

고 말한다. 발자국 위편의 둥근 구멍은 화대를 내야 한다는 의미라고 한다.

마제우스와 미트리다테스 문을 나서면 마지막 회랑으로 이어지며, 아고라가 펼쳐지는 돌길이 아닌 흙길을 밟으며 세월의 흐름 속에 사라진 에페소스를 다시 생각한다. 켈수스도서관에서 원형 대극장까지 이어져 있는 길로 고대에는 아르테미스신전까지 이 길이 이어져 있었다고 한다.

문명의 쇠락과 역사의 흔적을 더듬으며 피온의 언덕에 올라선다. 파나 유르산 언덕에 지어진 야외 대극장은 25,000명을 수용할 수 있는 거대한 규모로 그 웅장함에 압도당한다. 거의 완벽하게 원형이 보존되어 있고, 오늘날의 극장과 비교해도 현대의 극장이 따라가지 못하는 극장은 기원전 3세기에 건설을 시작하여 여러 번의 개축을 거쳐 로마 초기인 41~117년 사이에 대대적인 개축을 통해 로마식으로 바뀌어 지금 전한다. 중앙무대 정면 건물에는 부조와 조각들로 장식했고 음향시설이 완벽하게 설계되어 지금도 에페소스 국제음악제가 여기에서 열린다 한다. 특히 이 극장은 에페소스의 아르테미스 여신 숭배와 그리스도교의 갈등이 빚어진 곳으로 사도 바오로가 이곳에서 우상숭배 철폐의 설교를 하다가 추방된 곳이다.

엄청난 규모와 아름다운 극장의 외형에 감탄하면서 잠시 객석에 앉아 지난날의 영화를 회상하면서 지금은 묻혀버린 고대의 항만을 바라본다. 2,000년 전의 영화로운 도시의 모습을 회상하며 시간의 도도한 흐름 속에서 사라져 버린 인간의 모습을 흑백 필름처럼 가슴속에 떠올려 본다. 헬레니즘시대의 고대 유적지 에페소스의 신비를 바라보며, 오늘을 살아가는 우리는 깊은 역사의 지혜를 깨우치게 된다.

(위)(가운데) 대극장의 모습 (아래) 대극장의 전경

대극장을 나오면 헬레니즘시대에 세워져 수많은 사람들에 의해 반들반들해진 대리석 도로가 나온다. 아르카디아 거리다. 대극장에서 항구를 향하여 뻗어 있는 거리인데 비잔틴시대에 황제 아르카디아가 수리하면서 명명된 거리로 너비가 약 11m이며 길이는 약 500m로 길 양옆에는 상점이 늘어서 있어 번화한 거리였다고 하는데 강의 토사가 쌓여 항구가 제 기능을 상실하면서 점점 쇠퇴하였다.

대극장에서 북문으로 나가기 전에 성모 마리아를 모신 최초의 교회로 알려져 있는 유적이 보인다. 원래는 바실리카였는데 증축을 하여 교회로 사용한 곳으로 431년 삼위일체를 그리스도교 정통 교의로 확인하는 에페소스공의회가 열린 곳이다.

(위) 아르카디아 거리
(아래) 성모 마리아 교회

에페소스를 보고나니 가슴이 멍하다. 이런 장대한 유적을 인간이 만들었다고 생각하니, 인간의 위대함 또한 느껴진다. 오랜 세월의 흐름에서 이곳을 만든 사람들이나 이곳에서 살던 사람들은 지금 사라져 버렸으나 그들의 삶의 흔적은 고스란히 우리에게 전해진다.

에페소스에서 나는 위대한 건축물을 수없이 보았지만 무엇보다도 그들의 삶의 모습을 엿볼 수 있었던 테라스 하우스2가 나의 마음속 깊이 새겨졌다. 에페소스를 가는 사람은 꼭 이 테라스 하우스2를 구경하기를 다시 말씀을 드린다. 무엇보다 소중한 우리의 유산이며 그냥 지나칠 수 없는 보고이다. 물론 나의 주관이지만

에페소스 유적에서 받은 감동을 제대로 간직하고, 이 감동을 잃어버리기 전에 빨리 고고학박물관에 가서 에페소스에서 발굴된 유물들을 보고 싶었기에 서둘러 발을 돌린다.

에페소스고고학박물관　고대의 유물들

에페소스고고학박물관은 터키 서부 이즈미르 주 셀축 Seljuk 에 있는 에페소스유적지, 아르테미스신전 및 주위에서 출토된 유물을 전시하기 위해 설립된 박물관이다. 터키 정부는 이곳에서 발굴된 유물들이 대부분 영국이나 다른 유럽국가로 반출되자, 이후 에페소스 유적지에서 발굴된 유물의 해외 반출을 엄격히 금지하고 독자적인 전시시설을 만들 계획을 세우고 이 계획에 따라 1983년에 에페소스 고고학박물관을 세웠다.

이 박물관의 가장 큰 특징은 유물을 연대기별로 전시하지 않고, 주제별로 전시를 하거나 유물이 발굴된 장소를 기준으로 전시하고 있는 점이다. 출토 장소별로 전시하며 정확한 복원도를 함께 보여주기 때문에 전문적인 지식이 없어도 관람객이 이해하기 쉽다. 소장 유물은 25,000여 점으로 알려져 있으나 전시되는 것은 1,000여 점에 불과하여 조금 아쉬운 생각이 많이 드는 박물관이다.

로마시대에 에페소스는 소아시아와 로마를 잇는 중심 도시로 번영을 누렸고 이때 유적들이 많이 만들어졌다. 아르테미스 에페시아 상은 에페소스 유물 중 하나로, 로마의 테오도시우스 1세가 그리스도교를 공식화하면서 그리스의

(위) 박물관 뜰에 있는 부조물
(가운데) 얼굴과 손 발이 잘린 아프로디테상
(아래) 박물관의 부조

다신교를 박해하고 신전을 모두 닫게 했는데, 당시 종교 주관자들이 이 상을 파괴하지 못하도록 몰래 숨겨왔다고 한다.

박물관의 프리아포스는 디오니소스와 아프로디테의 아들로 들판, 정원, 과수원의 신이다. 과장되어 있는 남근이 특징으로 다산과 풍요를 상징하는 남근 위에는 농작물이 한가득 놓여 있다.

이 박물관의 가장 중요한 유물인 두 개의 아르테미스 여신상은 하나는 아르테미스신전, 다른 하나는 에페소스의 플리타네이온에서 출토된 것이다. 두 개의 아르테미스 여신상의 가슴 부분에 달려 있는 20여 개의 알 모양은 여신의 유방, 소의 고환, 꿀벌의 알 등 다양하게 해석되지만 이런 알 모양이나 여신상에 새겨진 여러 조각은 모두 풍요와 다산을 기원하는 상징물들이다.

에페소스고고학박물관을 끝으로 셸축과 에페소스의 산책을 마쳤다. 내가 전혀 꿈꾸지 못했던 에페소스를 보게 된 것은 이번 여행에서 얻은 또 하나의 기쁨이며 즐거움이었다. 거쳐 지나온 많은 유적지와 유물들에 비해서 에페소스는 전혀 규모나 아름다움에서 뒤떨어지지 않는 곳으로 내 눈을 더 즐겁게 하고 내 가슴을 벅차게 만들었다. 지금부터 2~3천 년 전에 이런 장엄하고 거대한 신전과 건물을 지은 사람들을 생각하면 도저히 내 생각으로는 엄두가 나지 않는다. '인간의 위대함은 지금이나 미래가 아니라 인간 자체가 있었던 그날부터다'라는 생각이 자꾸만 든다.

(왼쪽) 프리아포스 상　(가운데)(오른쪽) 아르테미스 여신상

여행을 마치고

오랜 시간의 여행을 아들과 함께 마치고 일상으로 다시 돌아오니 여행의 기억이 또 새롭게 파노라마같이 지나간다. 언제 내가 고대 그리스 문명의 자취를 내 눈으로 직접 보고 느끼며 즐기는 여행을 꿈에서라도 할 수 있었을까? 기껏 대부분의 사람들이 가서 보는 정도의 유적지를 주마간산으로 겉모습만 보고 만족하지 않았을까? 그런데 나는 긴 시간을 내가 보고 싶은 장소를 대부분 보고 즐겼으니 이 이상의 기쁨이 어디에 있겠는가!

내 아들이지만 정말 고맙다는 말 이외에 다른 말이 필요가 없다. 젊은 아들이 나이가 든 아버지를 데리고 다니면서 이것저것 아버지의 비위를 맞추어주고 아버지가 피로하지 않도록 일정도 관리하면서 아버지가 보고 싶은 곳을 빠뜨리지 않고 보여주었다. 정말 고맙다는 말을 다시 한다.

돌아와서 모든 여정에서 찍은 사진을 보면서 추억에 잠기고, 여행지의 자료를 찾아 글을 쓰는 즐거움은, 여행을 다니던 순간 못지않게 행복한 일이다. 더구나 한 권의 책으로 발간되는 이야기는 내가 살아온 흔적이기 때문에, 개인적으로도 매우 가치가 있다. 그렇기에 부족함을 느끼면서도 책을 내게 되었다.

항상 멀리 떨어진 새로운 세계를 찾아 떠나는 것을 바라는 마음인데 지금은 코로나라는 특수한 상황이라 떠날 수가 없게 되었다. 빨리 일상으로 돌아가서 보고 싶은 곳을 찾아가서 보고 싶은 것을 볼 수 있는 시절이 오기를 간절히 기대한다. 무엇보다도 이 글을 쓰면서 자주 언급한 베를린의 박물관 탐방을 가야만 하는데 언제 하늘 길이 열리는지 모르겠다. 하지만 언젠가는 그날이 올 것이고, 그날이 오면 곳곳에 산재되어 있는 그리스 문명의 많은 원본을 볼 수 있기를 간절히 기대하면서, 나의 그리스문명을 찾는 여행기를 끝낸다.

아들과 함께 **그리스문명 산책**

ⓒ 2022, 이학근

지은이	이학근
초판 1쇄	2022년 01월 20일
편집	허태준 책임편집, 박정오, 임명선, 하은지
디자인	전혜정 책임디자인, 박규비, 최효선
미디어	전유현, 최민영
마케팅	최문섭
종이	세종페이퍼
제작	영신사
펴낸이	장현정
펴낸곳	호밀밭
등록	2008년 11월 12일(제338-2008-6호)
주소	부산 수영구 연수로357번길 17-8 1층
전화, 팩스	051-751-8001, 0505-510-4675
전자우편	homilbooks.com@naver.com

Published in Korea by Homilbooks Publishing Co, Busan.
Registration No. 338-2008-6.
First press export edition January, 2022.

ISBN   979-11-6826-027-6 03920